Patinez
meubles et objets

2" American

Patinez
meubles et objets

Annie Sloan

Dessain et Tolra

Sommaire

Les techniques de base

À David

Édition originale
Copyright © Collins & Brown
Limited 1995
London House, Great Eastern Wharf
Parkgate Road, Londres
SW11 4NQ

Texte © Annie Sloan 1995
Tous droits réservés
Photographies Geoff Dann

Titre original anglais :
Decorative Antique Effects

ISBN 18 5585 218 7 (relié)
ISBN 18 5585 257 8 (broché)

L'application des techniques

Édition française
Traduction :
Françoise Hayward
Coordination technique :
Muriel Joubert
Conception couverture :
Agnès Frégé - Véronique Laporte
Édition :
Spiral Atelier Éditions
et Corinne Booth

Dépôt légal :septembre 1996
Imprimé en Malaisie en mars 2005
ISBN 2-04-720133-0
ISSN : 1262-3512

Avertissement
Certains des produits utilisés dans le présent ouvrage peuvent présenter des dangers pour la santé de l'utilisateur. L'éditeur décline toute responsabilité concernant d'éventuels incidents et recommande aux lecteurs de suivre les instructions du fabricant et de prendre les précautions appropriées.

Introduction

Pochoir et cire
Sur ce placard, la première couche, couleur de terre cuite, a été recouverte inégalement d'un vert foncé et de motifs au pochoir dans les tons de gris-vert. Le tout a été ciré, poncé légèrement et protégé par une couche de cire chêne foncé.

LES VIEUX MEUBLES PEINTS ont indéniablement du charme et du caractère. Au fil du temps, les couleurs s'atténuent, s'adoucissent, foncent ou s'ombrent à certains endroits, les surfaces s'usent et de nombreuses imperfections apparaissent : égratignures, fissures, éclats, cavités... C'est ainsi qu'ils acquièrent cette patine qui leur donne un air de « vécu ».

Cet ouvrage a été écrit pour répondre à tous ceux qui désirent recréer chez eux, pour un prix raisonnable, l'atmosphère, le style et les couleurs du passé.

La première partie est consacrée aux techniques qui permettent d'imiter les diverses finitions et patines à l'ancienne. Vous apprendrez, tout d'abord, à préparer les supports avant de peindre et d'appliquer les différentes couches de cire ou de vernis de finition. Vous découvrirez les divers types de peintures et les combinaisons de couleurs pour obtenir la fameuse patine « antiquaire ». Vous pourrez suivre chaque étape du vieillissement presque « authentique » obtenu avec les cires, vernis, colorants et glacis. Vous connaîtrez tous les « trucs » et astuces auxquels ont recours les décorateurs, et bientôt l'usage du glacis, du pochoir et du découpage, l'art de peindre

Découpage
Au XIXe siècle, on ornait les paravents de collages découpés et enchevêtrés. Aujourd'hui, vous pouvez utiliser cette technique de découpage et de collage sur divers supports. Pour obtenir un fini ancien, utilisez du vernis à vieillir ou du vernis à craqueler.

Photocopie travaillée
Le dessin de ce panneau a été réalisé avec une photocopie agrandie à la taille désirée. On a utilisé des teintes foncées pour le vieillir avant de le protéger avec une couche de cire.

à main levée ou avec un tampon à la pomme de terre n'auront plus de secrets pour vous.

La seconde partie est consacrée à l'application de ces techniques. Vous y trouverez de nombreux exemples de réalisations individuelles, comme celles qui sont illustrées sur ces pages. Chacun de ces projets est décliné selon des techniques identiques, mais avec des couleurs et des dessins différents ; une même technique est également appliquée à plusieurs objets.

Si vous souhaitez mettre en pratique les conseils de décoration de cet ouvrage, prenez le temps de trouver l'objet ou le meuble approprié. L'essentiel est que son style soit en accord avec la technique que vous aurez choisi d'utiliser.

Peut-être avez-vous déjà chez vous des éléments de mobilier ou des objets à décorer. Si ce n'est pas le cas, allez vous promener chez les brocanteurs ou achetez des meubles à peindre bon marché (ces derniers ont l'avantage de réduire le travail de préparation).

Surtout, faites preuve d'audace et ne craignez pas de vous tromper. Avec un peu de pratique et en suivant les conseils techniques de cet ouvrage, vous obtiendrez des résultats surprenants.

Peinture à main levée
Il existe une longue tradition d'ornementation de chaises avec des fleurs, des plumes, des angelots, des guirlandes de feuilles… Cette chaise a reçu une première couche de beige nacré, puis elle a été décorée de touches de marron soutenu qui mettent en valeur le bois tourné des pieds.

Cire et abrasif
La couche de blanc cassé appliquée en dernier sur ce bol en céramique a été poncée avec de la laine d'acier fine pour créer des motifs révélant la sous-couche noire et, à certains endroits, le support d'origine. Le tout a été adouci à la cire claire.

Les techniques de base

La préparation

Les patines à l'ancienne exigent souvent moins de préparation que d'autres types de décoration, car les défauts des supports donnent du cachet à la finition. Mais, quand on cherche à créer un aspect vraiment ancien, le support doit être apprêté avec soin. Sinon, les finitions s'écailleront et ne tiendront pas.

On peut diviser la préparation en trois étapes : d'abord, ôter les anciennes couches de peinture, de vernis ou de cire ; ensuite, traiter les bois, boucher les fissures et colmater tous les éclats ; enfin, poncer finement les supports pour une bonne application de la décoration choisie.

Enlever les anciennes couches

Il existe sur le marché toute une gamme de décapants. Pour la peinture et le vernis, appliquez le produit, laissez-le agir, puis grattez-le à la spatule ou au tampon de laine d'acier grossière. Pour la cire, frottez avec un tampon de laine d'acier fine trempé dans le décapant.

Décapant à peinture et à vernis

Eau pour nettoyer le support décapé

Brosse métallique pour enlever la peinture et le vernis dans les endroits difficiles

Décapant à cire

Tampon de laine d'acier grossière pour peinture et vernis

Chiffon de coton pour absorber l'excédent de décapant

Gants de protection

Boucher, enduire

Vous trouverez des pâtes à bois et des enduits tout prêts pour boucher les trous, les fissures ainsi que des colles spéciales pour tous les types de bois. Colmatez les trous d'insectes dans le vieux bois et les nœuds des bois neufs avec du fondur pour empêcher la résine de suinter et d'abîmer la peinture.

Colle à bois

Fondur

Spatule

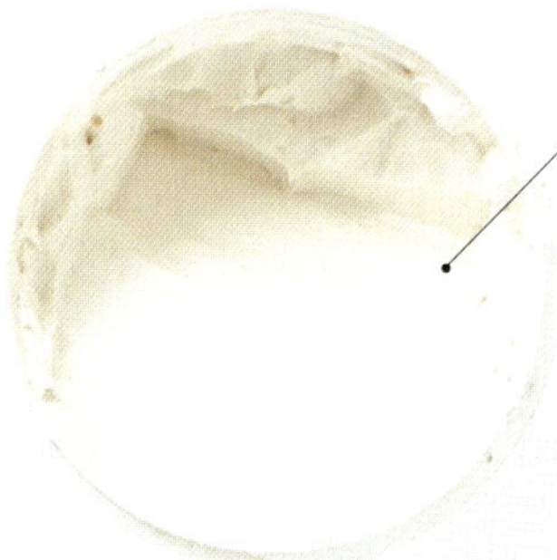

Enduit très fin

Éponge pour essuyer l'excédent de colle

Abrasifs

On trouve différents grains de papier de verre, du plus gros au plus fin. Vous le choisirez en fonction du fini que vous souhaitez. Un carré d'étamine (parfois huilé) est recommandé pour l'essuyage d'une surface parfaitement propre.

Carré d'étamine

Papier de verre à grain épais

Papier de verre à grain fin

Bloc de papier abrasif

Toile émeri

Tampon de laine d'acier fine pour le ponçage final

Les peintures à l'eau récentes peuvent être très facilement recouvertes. Par contre, si votre support a reçu d'épaisses couches de peintures anciennes ou de vernis (surtout brillants), il vaut mieux les décaper, d'autant qu'elles s'écaillent, qu'elles sont rugueuses et qu'elles peuvent ruiner le travail de rénovation.

Il arrive que l'on puisse ôter les vieux vernis ou les vieilles peintures avec un tampon de laine d'acier grossière ou avec une brosse métallique mais, le plus souvent, il faut avoir recours à un décapant ou à un produit du même type. Il existe des produits moins corrosifs, mais ils sont moins efficaces, et leur application demande plus de temps.

Si la surface à décorer est déjà cirée, il est nécessaire d'enlever la cire car les peintures n'accrochent pas sur un support ciré. Il vaut mieux acheter des produits à décaper la cire, faciles à utiliser, plutôt que d'essayer les alcools dénaturés

Décaper la peinture
Le morceau de bois (ci-dessus) est recouvert d'une épaisse couche de peinture vert brillant sur une couche de blanc. Les deux couches doivent être décapées.

Appliquez une épaisse couche de décapant avec une brosse et attendez que la surface cloque.

Grattez le bois avec un couteau ou une spatule. Répétez l'opération si nécessaire. Il est préférable d'opérer par petites sections.

Décaper le vernis
Le morceau de bois (ci-dessus) est recouvert d'une couche de vernis qu'il faut décaper avant de procéder à la décoration.

Avec une brosse, appliquez une couche généreuse de décapant à vernis et attendez que le produit cloque, ce qui n'est pas long.

Lorsque le décapant a fini d'agir, et avant qu'il ne soit sec, frottez la surface dans tous les sens avec de la laine d'acier grossière pour retirer le maximum de vernis.

Décaper la cire
Le morceau de bois (ci-dessus) est imprégné d'une couche de cire qui empêche un bon « accrochage » du décor.

Trempez un morceau de laine d'acier fine dans du décapant à cire et frottez la surface en procédant par mouvements circulaires.

ou le white-spirit, qui risquent d'avoir une action sur le nouveau décor, surtout s'il est à base de peinture à l'eau.

Le temps qu'il faut pour réparer, traiter et apprêter une surface dépend de la décoration qu'on a choisie. Si on cherche à recréer un fini élégant, à orner la surface d'un découpage, d'une peinture à main levée ou d'un motif au pochoir, il faut enduire et reboucher les moindres trous, avant de poncer longuement et minutieusement avec du papier de verre puis avec de la toile émeri. Mais, pour un aspect plus rustique ou plus ancien, la présence de quelques défauts sur la surface ajoutera du caractère au résultat. Quand on décore directement sur du bois neuf, il faut d'abord utiliser du papier de verre à grain épais pour le vieillir un peu et arrondir les angles vifs. Puis il faut enduire la surface. Il existe des enduits spéciaux pour cette première couche, mais souvent une couche de peinture de base ou de vernis à l'eau suffit.

Attaquez les endroits difficiles avec un tampon de laine d'acier grossière.

Nettoyez le support avec un peu d'eau (voir les instructions du fabricant), et poncez avec de la laine d'acier fine si nécessaire. Essuyez avec un chiffon.

Poncez le support avec du papier de verre jusqu'à ce qu'il soit assez lisse pour recevoir la décoration.

Nettoyez la surface avec une éponge mouillée (voir les instructions du fabricant) et poncez avec de la laine d'acier fine. Essuyez la surface avec un chiffon propre.

Poncez les dernières traces de vernis avec du papier de verre pour que le support soit parfaitement lisse.

Essuyez l'excédent avec un chiffon et, si nécessaire, répétez l'opération jusqu'à ce qu'il ne reste aucune trace de cire.

Poncez la surface avec du papier de verre.

Rebouchage du vieux bois

Les trous de vers et d'insectes doivent être comblés avec du bouche-pores, de l'enduit de rebouchage ou de la pâte à bois selon leurs dimensions. Les grosses fissures seront colmatées avec de la pâte à bois. Après séchage, appliquez un enduit plus fin.

Matériel

Papier de verre enroulé autour d'un bloc à poncer • Peinture et brosse • Enduit • Spatule

1 Colmatez les trous avec de l'enduit puis, à l'aide d'une spatule, enlever l'excédent et appliquez une couche uniforme pour boucher les pores et les fissures. Laissez sécher.

2 Poncez la surface avec du papier de verre épais pour éliminer toutes les irrégularités. Il vaut mieux utiliser un bloc à poncer afin de ne pas abîmer l'enduit avec les doigts.

3 Après avoir essuyé la poussière, appliquez une couche de peinture sur le support pour faire apparaître toutes les aspérités restantes.

4 Répétez les opérations deux, trois fois, si nécessaire, et poncez le support jusqu'à ce qu'il soit prêt à recevoir le décor.

Préparation du bois neuf

Le bois neuf absorbe la peinture, aussi faut-il appliquer une sous-couche d'apprêt avant de commencer la décoration. Pour un aspect rustique, utilisez de la peinture à l'eau, qui dilate le grain et les fibres du bois. Pour un fini plus raffiné, utilisez une peinture fluide mais non diluée.

Matériel
Papier de verre à grain épais • Fondur • Chiffon • Peinture à l'eau et brosse

1 *Poncez toutes les aspérités et les angles vifs du bois avec du papier de verre à grain épais pour donner un aspect de meuble ancien.*

2 *Au chiffon, tamponnez les nœuds du support avec du fondur pour colmater la sève et les huiles du bois.*

3 *Appliquez une couche de peinture à l'eau sur toute la surface. Si vous voulez masquer le grain du bois, il vaut mieux appliquer plusieurs couches.*

Réparation d'un placage abîmé

Le placage est une feuille de bois appliquée sur du bois ordinaire pour lui donner un aspect plus attrayant. Si vous possédez l'éclat de bois arraché, vous pouvez le recoller, sinon vous devrez remplacer la partie manquante par de l'enduit.

Matériel
Colle à bois • Éponge • Enduit de rebouchage • Papier de verre • Spatule

1 *Étalez une couche de colle à bois sur la partie à réparer.*

2 *Remettez l'éclat en place et pressez fortement avec.les doigts. Avant que la colle ne sèche, essuyez l'excédent avec une éponge mouillée.*

Reconstitution
Si vous n'avez pas l'éclat de bois, rebouchez l'espace vide avec de l'enduit en vous reportant aux indications de la page ci-contre.

LES PEINTURES

La peinture est un liquide coloré qui, lorsqu'il est appliqué sur un support, sèche en formant une couche dure. Une peinture est faite d'un solvant, de pigments qui lui donnent sa couleur et d'un agent liant qui émulsionne le tout.

Il en existe deux catégories : les peintures à base d'huile, dont le solvant est le white-spirit ; et les peintures à l'eau qui se diluent à l'eau. Les peintures à l'huile ont généralement une finition brillante (bien qu'elles existent en mat) et un temps de séchage assez long. Elles supportent mal d'être recouvertes avec une peinture d'une autre nature.

Dans cet ouvrage seront principalement utilisées des peintures à l'eau, qui sèchent très vite et ont un bon pouvoir couvrant.

Si vous désirez appliquer un glacis, recouvrez d'abord votre support d'une couche de peinture à l'eau satinée. Si vous recherchez une peinture résistante et qui sèche très vite, pour réaliser des motifs au pochoir par exemple, choisissez une peinture acrylique extrafine.

La peinture à l'eau s'utilise de différentes manières : pure, elle est épaisse et donne un effet opaque ; diluée, elle s'applique sur de larges surfaces et constitue un bon support pour la plupart des finitions ; étendue à l'eau, elle sert de badigeon.

Types de peinture
La peinture à l'eau existe en finitions mate, satinée et plus souvent brillante. La peinture à l'huile, en finitions satinée et brillante. Vous choisirez votre peinture en fonction du résultat que vous désirez obtenir.

Peinture à l'eau mate
C'est la plus absorbante. Elle prendra par exemple très bien la cire, qui la colorera par pénétration.

Peinture à l'eau satinée
Cette peinture moins absorbante est idéale pour le travail au chiffon ou à l'éponge. Sa texture est très agréable à l'œil.

Pour certains travaux, le temps de séchage de la peinture à l'huile est un avantage. Ainsi, quand on veut décorer un support avec de la mixtion à dorer et de la poudre de bronze, il est bon de le faire sur une sous-couche de peinture à l'huile, sinon la mixtion à dorer risque de sécher avant qu'on ne puisse appliquer la poudre de bronze. De la même manière, la peinture à l'huile est recommandée lorsqu'on veut colorer les craquelures obtenues avec le vernis à craqueler, car la peinture à l'eau réagit sur le support.

La peinture à l'eau et la peinture à l'huile existent dans une vaste gamme de couleurs. Mais vous pouvez fabriquer «votre» couleur avec des pigments que vous ajouterez à la peinture de base, blanche généralement. Commencez par de petites quantités pour vous exercer.

Où acheter la peinture

On trouve une large gamme de peintures prêtes à l'emploi, en pot, mais également de la peinture extrafine ou des couleurs pour artistes, acryliques ou à l'huile, en tube. Vous trouverez les pigments dans les magasins spécialisés.

Peinture à l'huile extrafine

Peinture acrylique extrafine

Pigments

Peinture pour intérieur et extérieur

Émulsion acrylique extrafine à l'eau
C'est une peinture solide qui sèche très vite. Faite pour les peintures au pochoir et les filets décoratifs, elle est plus résistante que les autres peintures à l'eau.

Peinture à l'huile satinée
Non absorbante, elle empêche les autres couches de sécher trop vite – ici, on a mis de la poudre de bronze et de la mixtion à dorer.

Quelle brosse utiliser ?
Pinceaux et brosses existent en différentes tailles, allant de 13 mm à 100 mm voire 125 mm. On utilise généralement deux brosses : une large (de 50 à 75 mm) pour les grandes surfaces, et une plus petite (de 13 à 38 mm) pour un travail minutieux.

Brosse en soie et nylon pour peintures à l'eau

Brosses à vernis pour couches de peinture fines

Brosses larges pour grandes surfaces

Petites brosses plates pour peinture à l'eau

Brosses d'artistes, pour un travail plus précis. Elles peuvent être rondes, plates ou bombées

Brosses de pouce, pour charger beaucoup de peinture

Pour bien utiliser une brosse

Ne surchargez pas la brosse, sinon vous risquez d'étaler trop de peinture à la fois et de laisser des gouttes ou des traînées visibles sur la surface.

1 Trempez la brosse dans la peinture jusqu'au tiers ou à la moitié des soies, et ôter l'excédent en la pressant sur le bord du récipient.

2 Appliquez régulièrement sur la surface à peindre la brosse bien à plat. La peinture doit être légèrement épaisse.

3 Tenez le pinceau de sorte qu'il forme un angle de 90° avec la surface à peindre. Égalisez avec l'extrémité de la brosse, en procédant par touches légères. Une seconde couche est parfois nécessaire.

Peindre une chaise

Il n'est pas compliqué de peindre une chaise, mais on s'aperçoit souvent que l'on a oublié de recouvrir certains endroits. Les explications données ci-contre vous faciliteront cette tâche.

1 Retournez la chaise et peignez avec une petite brosse tout ce que l'on voit des pieds, des montants, du dessous de l'assise et des barreaux du dossier.

2 Remettez la chaise sur ses pieds et, sans toucher la peinture fraîche, peignez le dos et tout l'arrière, en partant du haut vers le bas.

3 Complétez le travail sur le devant, en n'oubliant pas le dessus des barreaux.

Peindre un tiroir

Il faut d'abord le poncer intégralement avec du papier de verre à grain épais, et s'assurer qu'il glissera facilement une fois repeint.

1 Enlevez le tiroir et peignez l'entourage, en veillant à ne pas mettre de peinture dans l'ouverture.

2 Après avoir retiré la poignée, peignez la partie visible du tiroir.

Peindre une porte

Comme pour le tiroir, il faut d'abord poncer tous les angles de la porte avec du papier de verre pour qu'elle ferme impeccablement une fois peinte.

Les couleurs

Dans la décoration à l'ancienne, le choix des couleurs est essentiel. En dehors de vos goûts personnels et de la couleur que vous avez choisie comme dominante, il est bon de prendre en compte les couleurs utilisées autrefois, et de voir comment leur intensité a varié avec le temps.

Quand on a commencé à peindre les meubles, la gamme de couleurs disponibles était restreinte. Les couleurs claires, vives, fabriquées avec les pigments minéraux, étaient rares et très chères, aussi leur emploi était-il exclusivement réservé aux décorateurs professionnels qui travaillaient sur commande. Les artisans et décorateurs amateurs se contentaient des pigments de terre : l'ocre jaune, les argiles vertes, les oranges et les rouges, tous les bruns de Sienne et d'ombre brûlée. Les bleus n'ont fait leur apparition qu'à la fin du XVIIIe siècle. Les nuances variaient d'une partie du monde à l'autre, et on créait de nouvelles couleurs par mélange ou en ajoutant du blanc. Mais les teintes sourdes dominaient et même lorsque des couleurs vives ont été utilisées, elles ont fini par s'estomper jusqu'à disparaître partiellement.

Pour imiter le passage du temps et recréer ces patines surannées, il faut éviter les couleurs brillantes car il est difficile de les vieillir. Le choix de la nuance dépend de la technique que l'on adopte pour vieillir le support. Si on emploie une cire ou un vernis foncé, il faut éviter les couleurs trop sombres, trop claires ou trop fades en sous-couches, car elles seront pratiquement invisibles sous la finition.

Enfin, la couleur doit se trouver en harmonie avec le décor : en général, on privilégie les couleurs franches, foncées, les couleurs de terre, dans un intérieur rustique. Les teintes claires sont plus élégantes, plus sophistiquées, surtout si l'on a recours aux camaïeux et aux dégradés.

Rouges
Les rouges de terre, sombres, étaient communément employés pour le mobilier, tout spécialement en couche de fond. Mais n'abusez pas du rouge vif qui n'était pas courant. En ajoutant du blanc, vous obtiendrez toutes sortes de roses.

Rouge clair — *Rouge foncé* — *Rose clair* — *Ocre rouge*

Bleus
Le bleu de Prusse et le gris-bleu étaient les plus utilisés. On y ajoutait parfois du blanc pour obtenir des bleus clairs raffinés. Le bleu marine était moins répandu ; mais au milieu du XIXe siècle est apparu un bleu outremer qui a beaucoup servi car il était peu coûteux.

Bleu marine — *Bleu ciel* — *Gris-bleu* — *Bleu de Prusse*

Jaunes

Les ocres et les terre de Sienne étaient les couleurs les plus répandues. Les nuances allaient du jaune moutarde au brun, toujours avec une dominante chaude. Les jaunes clairs sont demeurés des couleurs de luxe jusqu'au XXe siècle, et le jaune citron est une invention récente.

Jaune clair — *Ocre jaune* — *Sienne naturelle* — *Brun-jaune*

Verts

Les verts foncés, dans une gamme allant du bleu nuit au vert sombre, étaient très communs en Europe, de même que les gris-vert clairs obtenus en y ajoutant une touche de blanc. Les verts émeraude francs étaient rares, aussi faut-il éviter de les utiliser.

Bleu-vert foncé — *Vert moyen* — *Gris-vert* — *Vert marron*

Bruns

Il existait une palette variée de bruns du plus froid au plus chaud, avec des pointes de vert, de jaune, de rouge et même de violet. En ajoutant un peu de blanc, on peut souligner les couleurs secondaires sans les éteindre.

Brun froid — *Brun chaud* — *Brun-rouge* — *Sienne brûlée*

Couleurs neutres

Les blancs de jadis n'étaient pas aussi purs ni aussi brillants que ceux d'aujourd'hui. On y trouvait des nuances de jaune ou de brun qui les apparentaient davantage à l'ivoire. Les gris étaient obtenus à partir de blanc et de différentes couleurs foncées.

Blanc cassé — *Beige froid* — *Beige chaud* — *Sépia*

Vert et rose

Les verts utilisés autrefois étaient souvent fades, presque gris. Pour leur redonner un peu de vie et de chaleur, vous pouvez les combiner avec leur couleur complémentaire : le rouge. Il est préférable de ne pas prendre un rouge à l'état pur, car le contraste serait trop violent. Optez pour un rouge foncé teinté de brun ou, comme sur le cadre ci-contre, pour un rose sombre légèrement grisé. Ici, des touches de blanc crème et de jaune clair créent un effet de lumière.

Bleu nuit et jaune doré

Les décorateurs ont toujours aimé les combinaisons de bleu et de jaune. Ces deux couleurs primaires offrent un contraste de tons, car le bleu absorbe la lumière et le jaune la renvoie. Sur le cadre ci-dessous, le bleu enrichi d'une pointe de rouge est éclairé à la fois par du jaune d'or et une cire dorée à la poudre de bronze. Pour un aspect plus lumineux, plus méditerranéen, combinez du bleu ciel ou de l'outremer avec un ocre jaune.

Bleu-vert et or

On peut varier les combinaisons de bleu et de jaune en déclinant les bleus. Pour le cadre ci-dessus, on a réalisé un bleu pâle, en ajoutant au bleu de petites quantités de blanc et de vert. Le liseré d'or ajoute une note de chaleur. Il se dégage de l'ensemble une impression d'élégance raffinée que l'on retrouve fréquemment dans la décoration européenne classique.

Blancs chauds et blancs froids

On peut varier les blancs à l'infini. Il suffit d'y ajouter des pointes de couleurs. Sur le cadre ci-dessous, un blanc bleuté rivalise avec un blanc rosé. Avec des verts, on obtient des blancs froids, tandis que les jaunes les réchauffent. Pour avoir un beau blanc antique, ajoutez une terre d'ombre naturelle à du blanc de titane moderne.

Rouge sombre et ocre jaune

Ces deux couleurs, faites à partir de pigments végétaux, sont très souvent utilisées dans les tapis persans et autres dessins de tissus anciens : leur combinaison est à la fois riche, chaude et nuancée. Si vous la trouvez trop flamboyante, vous pouvez y ajouter du bleu ou du vert.

Couleurs sombres

On obtient des couleurs métalliques et foncées en mélangeant différentes nuances de bleu et de brun (ci-contre). D'autres couleurs foncées sont issues du mélange de couleurs complémentaires telles que le rouge et le vert foncé. N'utilisez pas le noir, car il ternit le résultat final. On peut ajouter une touche de jaune ou de rouge pour donner de la chaleur, mais il faut écarter les teintes trop claires pour éviter un contraste qui serait choquant.

Finition à la cire

Pour recevoir cette finition, le support doit impérativement être sec et absorbant. Utilisez un tampon de laine d'acier fine plutôt qu'un chiffon, car le tissu absorbe une grande partie de la cire. Laissez la cire imprégner le support avant de procéder au lustrage

Matériel

Cire (claire ou foncée) • Tampon de laine d'acier fine • Chiffon et/ou brosse • Cire d'abeilles

1 *Imprégnez largement de cire (ici, de la cire claire) un tampon de laine d'acier et étalez-la sur le support.*

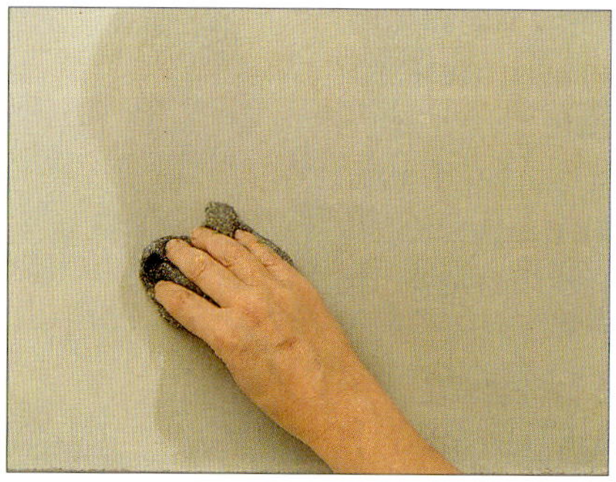

2 *Faites pénétrer la cire en frottant doucement pour éviter les rayures. Laissez sécher 20 minutes environ.*

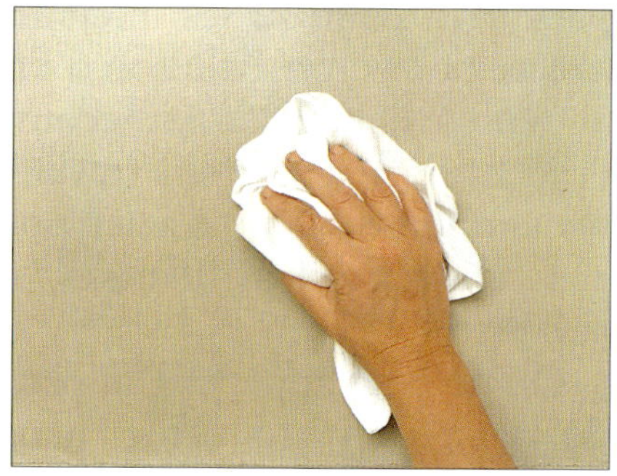

3 *Quand la surface est sèche, faites briller avec un chiffon propre.*

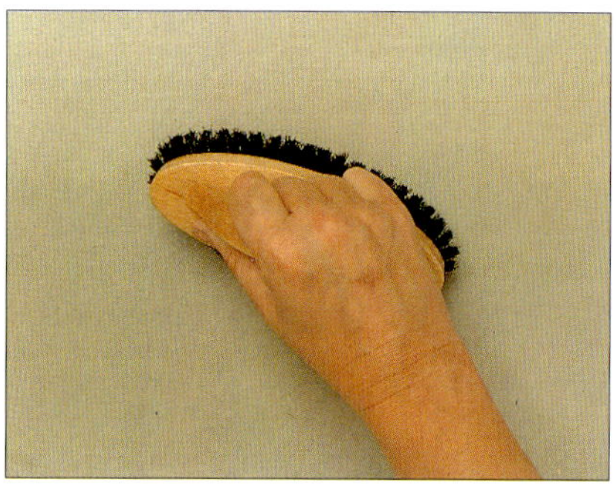

4 *Ensuite, lustrez à la brosse pour atteindre les angles et les endroits peu accessibles.*

5 *On peut conserver la finition brillante en appliquant une autre couche de cire d'abeilles et en la lustrant de la même manière.*

6 *On obtient ainsi une patine douce et chaude. Même avec une cire claire, le support est toujours plus foncé qu'au départ.*

Avec de la cire claire

On a appliqué plusieurs couches de cire claire avec de la laine d'acier fine pour protéger ce petit panneau de bois peint. Le support a été lustré et patiné de façon raffinée. On a peaufiné le tout en appliquant de la cire dorée sur les motifs au pochoir ainsi que sur les tranches intérieures et extérieures de l'encadrement.

Avec de la cire foncée

On a choisi de la cire teintante de couleur vieux pin, à la fois pour rehausser le grain naturel du pin et pour foncer le dessin au pochoir rouge-brun de ce motif.

Mise en valeur du grain d'un support

Pour obtenir ce résultat, il faut recouvrir le support de cire foncée, puis passer une couche de cire claire. La cire claire ôte l'excédent de cire foncée qui se trouve en surface et révèle le grain dans des dégradés de brun.

Matériel

Peinture • Brosse de taille moyenne • Cire foncée • Cire claire • Tampon de laine d'acier fine • Chiffon

1 *Si le grain du support est trop peu visible, appliquez une sous-couche de peinture en croisant la brosse dans tous les sens de façon irrégulière, pour créer une texture.*

2 *Quand la peinture est sèche, recouvrez grassement le support de cire foncée, en utilisant un tampon de laine d'acier fine. Évitez d'appuyer pour ne pas rayer et procédez par mouvements circulaires sur toute la surface pour que la cire s'incruste. Laissez sécher.*

3 *Avec de la laine d'acier fine, imbibez la surface de cire claire. Changez de tampon pour frotter le support et faites apparaître les aspérités tout en laissant la cire foncée dans les creux.*

4 *Avec un chiffon doux, ôtez l'excédent de cire et faites briller jusqu'à obtention d'une patine douce et brillante.*

Polissage à la cire

On peut utiliser la cire pour ramollir une couche de peinture à l'eau, mate et la rendre apte au brunissage à la laine d'acier. Ainsi, on imitera l'aspect d'une surface usée, patinée par le temps, à certains endroits d'usage intensif comme, par exemple, les poignées, en révélant les différentes sous-couches, et parfois même le bois d'origine.

Matériel

Cire (teintée ou claire) • Tampon de laine d'acier fine et moyenne • Chiffon

1 *Étalez une couche de cire (ici, de la cire foncée) avec un tampon de laine d'acier fine sur une couche de peinture à l'eau mate. Frottez sur toute la surface par touches légères, afin que la peinture absorbe la cire.*

2 *Avant que la cire ne sèche, insistez sur certains endroits avec un tampon de laine d'acier moyenne afin de révéler la sous-couche. Pour un effet plus discret, utilisez de la laine d'acier fine (encadré).*

3 *Avec de la laine d'acier fine, passez une deuxième couche de cire. C'est une opération indispensable car la première couche a été en partie enlevée par le polissage.*

4 *Après séchage de la cire (environ 20 minutes), lustrez la surface avec un chiffon doux pour obtenir une belle patine.*

Appliquer de la cire dorée
La cire métallisée est un mélange de cire claire et de poudre de bronze. Elle existe en plusieurs nuances d'argent, de cuivre et d'or. Elle ne s'applique que sur des surfaces mates ou satinées.

1 *Prenez une petite quantité de cire dorée sur le bout du doigt. N'utilisez pas de chiffon qui l'absorberait.*

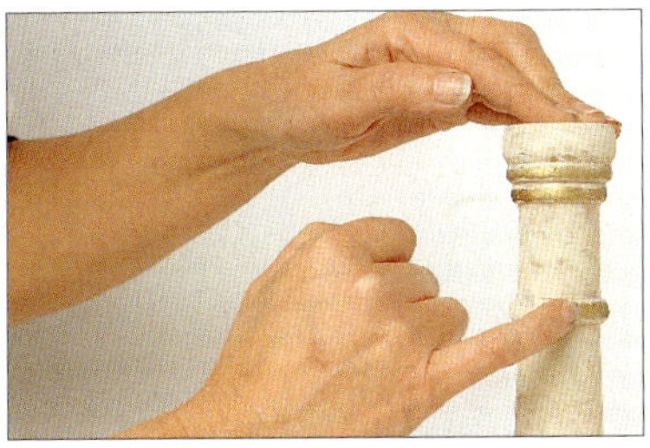

2 *Étalez la cire dorée en frottant doucement sur l'endroit choisi, laissez sécher et lustrez avec un chiffon.*

Polissage de pochoirs
La peinture ocre rouge de cette chaise est recouverte par endroits de motifs au pochoir vert olive et blanc cassé. Après avoir appliqué une première couche de cire, on a frotté la surface avec de la laine d'acier moyenne et reciré.

Mise en valeur de la texture
La texture ouvragée du cadre ci-dessus a été mise en valeur par l'application de cire très foncée sur le gris de base. Puis on a appliqué de la cire claire pour en retirer l'excédent, de façon que la cire foncée ne reste incrustée que dans les reliefs du support.

Brunissage à la cire, sur des motifs grattés
Sur cette petite table, on a gratté des dessins recouverts d'une couche de peinture ocre jaune encore fraîche avec un manche (voir pages 90-91 la technique du grattage avec le manche d'un pinceau). Puis on a passé une couche de peinture gris clair sur les dessins incisés. Une fois sèche, la peinture a été en partie enlevée avec un tampon de laine d'acier moyenne imprégnée de cire.

Polissage à la cire teintée
Sur ce dossier de chaise, on a poli la couche de peinture bleu pâle avec de la laine d'acier fine et de la cire légèrement teintée, en mettant le bois à nu par endroits.

Les colorants

LES COLORANTS sont des liquides translucides qui servent à teinter un support sans le transformer radicalement. Ce sont des teintures transparentes mélangées à une base qui peut être de l'eau, de l'huile, de l'essence ou de l'alcool. Elles sont disponibles dans une vaste gamme de nuances comprenant différents tons de bois et couleurs de la palette. Dans cet ouvrage sont surtout utilisés des colorants à l'eau, mais la technique est la même pour les colorants à l'huile, à l'essence ou à l'alcool.

En principe, les colorants à bois servent à foncer le bois et à en rehausser le grain et les veines. Le bois est fait de fibres tendres et de fibres plus dures. Les colorants permettent de créer des contrastes, car ils sont mieux absorbés par les parties tendres. On peut notamment obtenir un effet de vieillissement sur du bois neuf. Si l'on veut par exemple polir une couche de peinture en laissant apparaître le bois, il est bon de teinter le bois au préalable pour lui donner un aspect ancien.

L'effet de divers teintes à bois sur du bois et de la peinture
Sur ces deux planches, vous pouvez voir comment différents colorants modifient divers bois colorés et la couleur des peintures. Les couleurs sont appliquées par bandes horizontales sur la planche de pin (en haut) et d'acajou (en bas). Les colorants, passés par bandes verticales, pénètrent les couleurs et les bois clairs.

Bleu pâle

Blanc cassé

Bois tendre (pin)

Rouge foncé

Vert olive

Bois dur (acajou)

Brut (non teinté)

Colorant jaune

Colorant rouge

Colorant brun foncé

On peut également appliquer un colorant à bois sur une couche de peinture pour atténuer sa couleur. La peinture empêche une absorption trop rapide du colorant et permet de travailler la texture avec un chiffon, un peigne, etc., tout comme pour le glacis (voir page 50). Mais ce travail, contrairement au glacis, génère des motifs plus doux, avec des dégradés d'aquarelles qui évoquent le charme des vieux meubles de campagne teints ou vernis.

Les colorants à l'huile ont un temps de séchage assez long et il faut éviter de les appliquer sur des peintures à l'eau. Les colorants à l'essence ou à l'alcool, en revanche, sèchent très rapidement, ce qui interdit tout travail sur la texture.

Les colorants ne protègent pas le bois, aussi faut-il les recouvrir d'une couche de cire ou de vernis.

Matériel

Effets de patine sur colorant

Le support idéal est une peinture à l'eau mate : en effet, elle absorbe facilement le colorant tout en laissant suffisamment de matière en surface pour que l'on puisse réaliser des motifs. Quand le colorant est sec, il faut le protéger avec une couche de cire ou de vernis.

Matériel

Brosse à veiner • Chiffon • Colorant à l'eau • Brosse • Éponge

Appliquez généreusement le colorant sur le support à la brosse. Travaillez à l'horizontale pour éviter les coulures. Laissez la peinture s'imprégner pendant deux ou trois minutes. Pour obtenir un effet de stries, étirez à plusieurs reprises avec une brosse à veiner en la maintenant à plat. Essuyez l'excédent avec un chiffon.

Pour obtenir un effet de patine mouchetée, roulez un chiffon en boule et tamponnez délicatement la surface fraîche.

Pour un effet de tourbillon, appliquez l'extrémité d'un chiffon roulé en boule et faites-le tourner dans un sens ou dans l'autre.

On peut également créer des motifs à l'éponge comme ci-dessus, en l'utilisant à la manière d'un tampon.

Pour un effet tacheté, pressez l'extrémité des doigts sur le support.

Foncer les couleurs
Un colorant foncé a permis de transformer le jaune brillant de ce pied de lampe. Plusieurs couches ont été appliquées à la brosse et tamponnées au chiffon. Certaines parties en relief ont été ressuyées pour souligner l'élégance de cette pièce.

Effets de moucheté
Sur ce coffret, on a appliqué un colorant brun pour foncer le dessin au pochoir rouge et la sous-couche de jaune brillant. L'effet de moucheté a été obtenu en travaillant le colorant au chiffon avant qu'il ne sèche.

Motifs
Pour créer ce dessin plus complexe sur un panneau de porte orange, on a appliqué du colorant brun foncé avant de réaliser les effets au doigt, à l'éponge, à la gomme, et au peigne (en carton ou en plastique).

Approfondir la couleur
Sur ce pot en terre cuite, on a passé deux couches de colorant brun foncé directement à l'éponge.

Les vernis

On utilise généralement deux types de vernis : les vernis au polyuréthane et les vernis acryliques. Les premiers existent en brillant, en satiné et en mat ; ils peuvent être utilisés sur tous les supports. Les seconds sont incolores et peuvent être teintés ; ils sèchent rapidement mais ne conviennent pas à tous les supports.

Le vernis sert à protéger. Il forme un écran hydrofuge et facilite l'entretien des surfaces. Vous le choisirez en fonction de la couleur et de la technique que vous avez adoptées, ainsi que du temps dont vous disposez. Les vernis acryliques sèchent en dix minutes, alors qu'il faut de six à huit heures pour un vernis polyuréthane. Par conséquent, les vernis acryliques sont fortement conseillés lorsque la finition nécessite plusieurs couches de vernis (voir pages 58-59).

Si vous souhaitez recréer l'aspect crayeux de la peinture ancienne, optez pour un vernis acrylique, qui ne brille pas et protège la surface traitée. Cependant, dans certains cas, il est impératif d'utiliser un vernis au polyuréthane, par exemple quand il s'agit de protéger un vernis craquelé ou une finition de brillant craquelé, car l'acrylique n'accroche pas en général sur ces surfaces.

L'avantage du vernis au polyuréthane est qu'il confère à la patine un aspect authentique car ses teintes sont très riches. Il existe en outre un

Les effets de vernis
Sur cette planche d'échantillons, six types de vernis ont été appliqués sur quatre couleurs. On constate que le vernis acrylique mat fonce à peine la couleur, tandis que le vernis à vieillir et les vernis teintés opèrent un changement évident, notamment sur une peinture claire.

Blanc cassé

Bleu pâle

Ocre jaune

Rouge foncé

Brut

Vernis acrylique mat

Vernis acrylique satiné

Vernis au polyuréthane

vernis très foncé à base d'huile dit « vernis à vieillir » qui est spécialement conçu pour atténuer le brillant des peintures ou des bois neufs. Enfin, n'oubliez pas qu'un temps de séchage très long peut devenir un atout : quand vous teintez un vernis avec du pigment (voir page 37), vous avez plus de temps pour effectuer le mélange avec un vernis au polyuréthane qu'avec un vernis acrylique.

Appliquez votre vernis avec une brosse adaptée : à soies dures pour les vernis acryliques et à soies souples pour les vernis au polyuréthane, et toujours plate, afin d'étaler le vernis de façon uniforme. N'utilisez pas de brosse ayant servi pour la peinture, ce qui laisserait inévitablement des traces dans le vernis.

Matériel

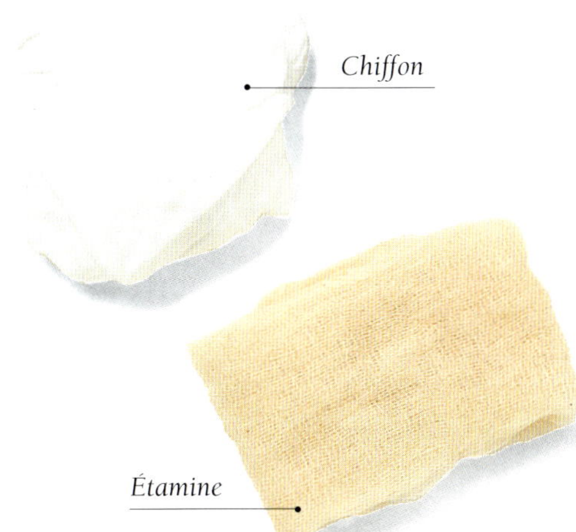

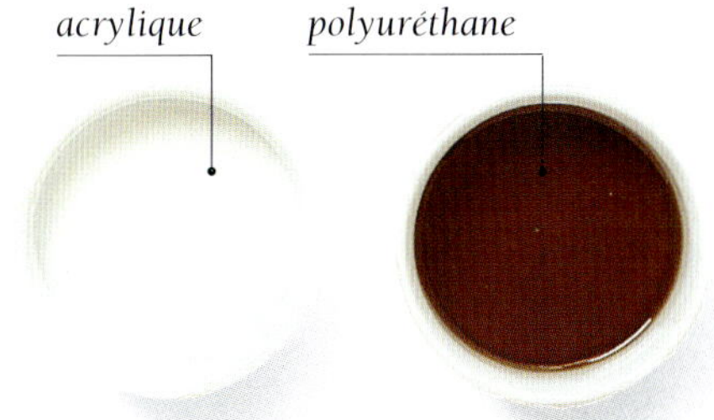

Vernis à vieillir — *Vernis acrylique teinté (blanc)* — *Vernis acrylique teinté (vert)*

Appliquer du vernis

Pour un fini parfait (mais la perfection n'est pas nécessaire pour les patines à l'ancienne), il faut au moins trois couches de vernis. Appliquez en pellicules fines et uniformes, en couvrant la surface entière pour éviter les raccords. Travaillez dans un endroit propre, sans poussière, car la moindre particule s'incrusterait dans le vernis encore frais.

Matériel

Vernis • Brosse plate • Toile émeri • Chiffon • Étamine

1 *Vérifiez que le support est propre, sec et lisse. Chargez la brosse de vernis et appliquez-la en couches uniformes.*

2 *Redressez la brosse à angle droit, avant de la recharger de vernis. Laissez un voile aussi fin que possible. Après séchage, appliquez une deuxième couche de la même manière.*

3 *Avec de la toile émeri sur un bloc à poncer trempé dans l'eau, travaillez légèrement le support pour ôter les grains de poussière qui s'y seraient collés.*

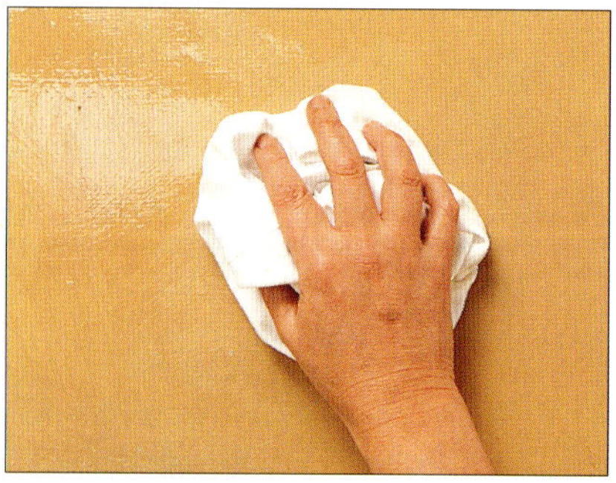

4 *Essuyez avec un chiffon sec et propre.*

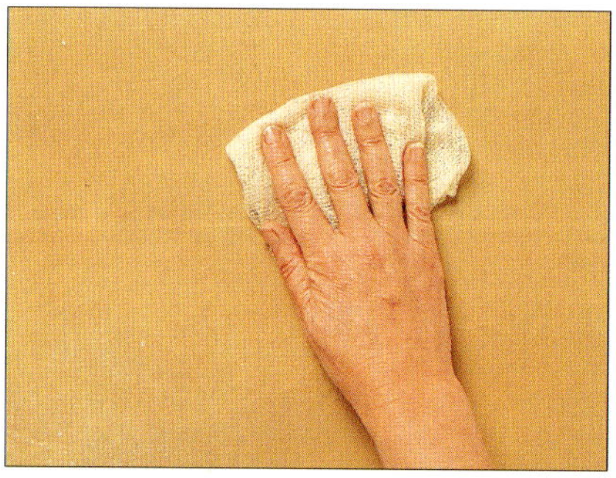

5 *Frottez une dernière fois avec un carré d'étamine (retenant toutes les particules de saleté), puis appliquez les couches suivantes de la même manière.*

L'effet du vernis
Sur ce manchon tourné en forme de sucre d'orge peint à la main, on voit clairement la différence entre le haut, non verni, et le bas. Ici, on a utilisé un vernis au polyuréthane qui a foncé les couleurs des sous-couches pour donner un fini particulièrement brillant.

Teinter le vernis

On peut vieillir la couleur d'une peinture en saupoudrant de pigment la dernière couche de vernis encore frais. Choisissez un pigment qui atténue et complète la sous-couche. Cette technique est valable pour les deux types de vernis, mais il vaut mieux utiliser un vernis au polyuréthane, au temps de séchage plus long, afin d'avoir plus de temps pour travailler le pigment.

Matériel

Vernis • Brosse plate • Pigment

1 À l'aide d'une brosse, appliquez un voile de vernis uniforme sur toute la surface, sans donner de coups de pinceaux trop brusques.

2 Pendant que le vernis est encore frais, saupoudrez le support d'une pincée de pigment (ici, de l'ombre brûlée). Si besoin est, émiettez le pigment entre les doigts pour le réduire en poudre.

3 À l'aide de la brosse, faites dissoudre le pigment en effectuant de longues passes croisées. Évitez de laisser des taches trop marquées.

4 Pour un effet plus aéré, plus discret, trempez le coin de la brosse dans le vernis puis directement dans le pigment avant de l'étaler sur le support. Quelle que soit la technique utilisée, on doit obtenir un fini irrégulier, avec des touches plus sombres que d'autres (ci-contre).

Polissage du vernis

Cette opération consiste à frotter le vernis avec de la laine d'acier pour faire apparaître des rugosités, des fentes que l'on peindra pour décolorer la surface. Il n'est pas utile de rechercher un support lisse et net, puisque les traces qu'il peut présenter contribueront à la réussite de l'effet final.

Matériel

Vernis • Brosse plate • Laine d'acier moyenne Papier de verre à grain épais • Brosse à soies dures • Peintures à l'eau mates (couleurs variées) • Chiffon • Éponge

1 *Appliquez deux ou trois couches de vernis (à l'huile ou à l'eau) en laissant sécher entre chaque passage.*

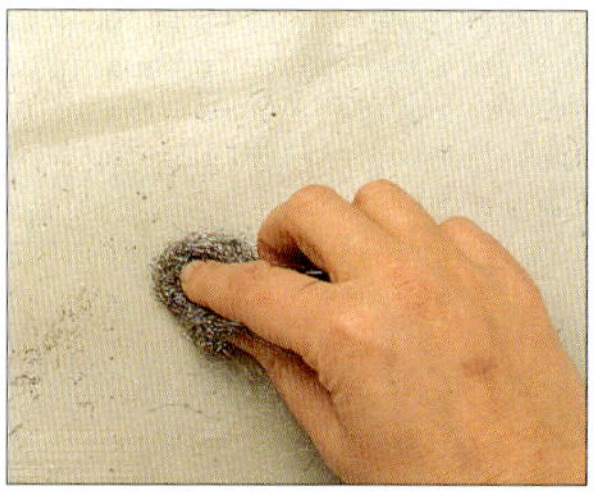

2 *Vérifiez que le support est sec, surtout avec un vernis à l'eau, car il risque de s'écailler. Poncez dans tous les sens, sauf de façon circulaire, avec un tampon de laine d'acier – pour obtenir des effets de fentes et d'usure.*

3 *Appliquez la peinture à l'eau sur le support (autant de couleurs que l'on veut) avec une brosse à soies dures pour qu'elle s'incruste dans les traces laissées par la laine d'acier.*

4 *Pendant que la peinture est encore humide, frottez le support fermement avec un chiffon afin de fixer la peinture dans les creux tout en en éliminant l'excédent.*

5 *Avec une éponge humide, retirez la peinture jusqu'à ce que l'effet désiré soit obtenu.*

6 *Quand la peinture est sèche, appliquez une dernière couche de vernis pour protéger le support.*

Colorer un vernis poli
La technique du polissage a été utilisée pour un découpage appliqué sur un fond crème. Le vernis acrylique griffé a été coloré avec une argile verte, mêlée de terre de Sienne brûlée et de terre d'ombre naturelle.

Vernis teinté au pigment
Le vernis au polyuréthane utilisé pour protéger cette chaise a été coloré avec un pigment bleu et un ocre rouge rappelant les couleurs du dessin au pochoir.

Vernis teinté à la poudre de bronze
On a d'abord recouvert le fond rouge sombre de vernis acrylique et de poudre de bronze saupoudrée avant séchage. Puis on a repeint le tout en vert et on a frotté cette peinture au papier de verre épais. La dernière couche de vernis acrylique laisse apparaître le rouge aux endroits où le ponçage a été le plus intense.

Appliquer du vernis à craqueler

Il faut appliquer le vernis à l'eau lorsque le vernis à l'huile a commencé à sécher mais reste « collant ». Le mieux est de vérifier avec le doigt : il ne doit pas coller quand vous effleurez la surface mais adhérer légèrement quand vous appuyez quelques secondes.

Matériel

Vernis à vieillir • Vernis à craqueler • Brosse souple • Couleurs à l'huile • Chiffon • Sèche-cheveux (éventuellement)

1 Lorsque la surface est propre et lisse, appliquez un voile uniforme de vernis à vieillir avec une brosse souple. Plus la couche sera épaisse, plus les craquelures seront profondes et plus le temps de séchage sera long.

2 Lorsque le vernis est presque sec, appliquez une fine couche de vernis à craqueler avec une brosse souple. Si le support repousse le vernis à l'eau, c'est que le vernis à l'huile n'est pas assez sec.

3 Laissez sécher à la chaleur pour que les craquelures se développent (ci-contre). On peut utiliser un sèche-cheveux réglé sur une température douce.

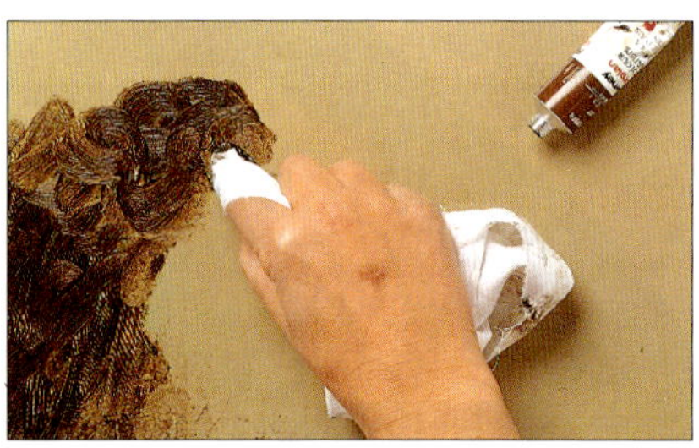

4 Une fois la surface sèche – un vernis à l'huile peut sécher en six heures –, frottez avec un chiffon imprégné de peinture à l'huile en la faisant pénétrer dans les craquelures.

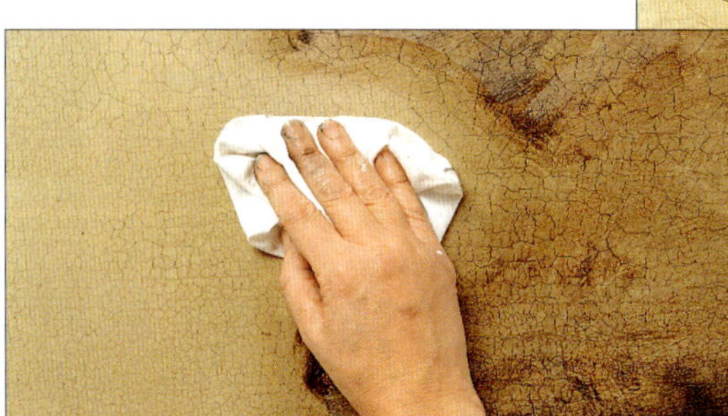

5 Pendant que la peinture à l'huile est encore fraîche, essuyez l'excédent avec un chiffon propre pour encrasser uniquement les craquelures. Protégez la surface avec une couche de vernis à l'huile.

Utiliser plusieurs couleurs à l'huile
Vous pouvez obtenir des effets très subtils en variant la couleur des peintures à l'huile. Ici, un rouge vermillon (ci-contre) et un bleu-vert (au-dessous), mais vous pouvez essayer toutes les combinaisons de votre choix.

Ce qu'il faut éviter

Il faut de l'expérience pour bien utiliser le vernis. Ci-dessous, des exemples d'essais ratés.

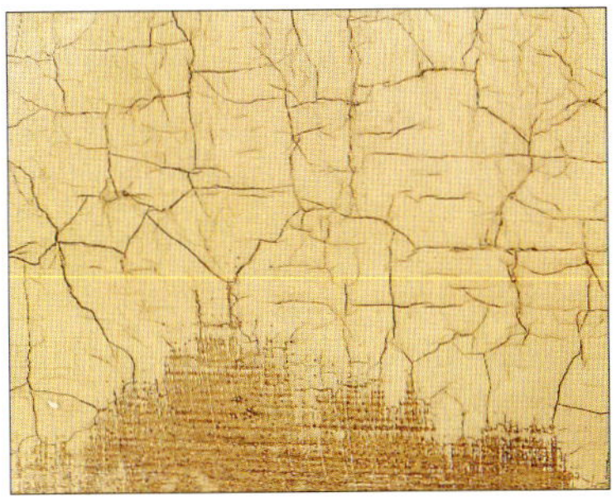

Des taches sont apparues aux endroits qui n'ont pas été couverts de vernis à craqueler. La peinture à l'huile se fixe sur le vernis à l'huile de la sous-couche et on ne peut plus l'ôter au chiffon.

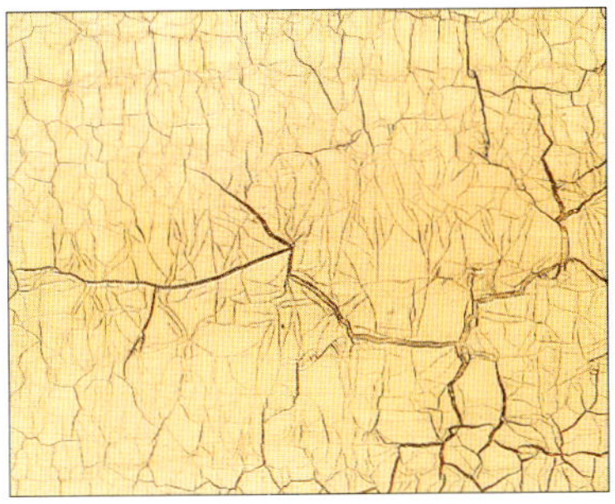

Les craquelures sont trop profondes soit parce que le vernis à l'huile était trop frais lorsque le vernis à l'eau a été appliqué, soit parce que la couche de vernis à l'eau était trop épaisse.

Rehausser les craquelures avec de la cire métallisée
Cet abat-jour a reçu plusieurs couches de peinture à l'eau noire et un décor à base de découpages avant le vernis à craqueler. Puis les craquelures ont été rehaussées à la cire métallisée.

Rehausser les craquelures avec de l'ombre naturelle
On voit ici le résultat d'un mariage heureux entre une base vert olive et l'incrustation des craquelures avec de l'ombre naturelle. Le motif au pochoir et les filets ont été réalisés à la cire dorée.

Le glacis à craqueler

Le glacis à craqueler est un produit transparent que l'on trouve dans les magasins de décoration et de fournitures pour artistes. Le principe est le suivant : on applique une couche de glacis entre deux couches de peinture à l'eau et, par réaction, la seconde se craquelle en révélant la couleur de la première (on peut aussi appliquer le glacis directement sur le support et le recouvrir de peinture).

Cette technique, que l'on appelle aussi parfois faïençage, est très utile lorsqu'on désire recréer l'aspect fissuré, écaillé des vieux meubles de campagne qui se sont abîmés en révélant différentes couches de peinture usées par le temps.

On peut varier à l'infini les effets de cette technique d'application simple. Pour un effet accentué, jouez sur le contraste entre les deux couches de peinture. Pour un effet plus subtil, choisissez des couleurs de même tonalité. Si vous voulez « faire authentique », rappelez-vous que de

Différentes combinaisons de couleurs
Cette planche d'échantillons montre la grande variété des effets que l'on peut obtenir avec le glacis à craqueler. Les six couleurs indiquées en bas de page ont été appliquées sur les quatre couleurs de base. On voit que les craquelures sont très accusées et les couleurs contrastées.

Rouge foncé

Ocre jaune

Noir

Blanc cassé

Vert olive *Gris clair* *Brun foncé*

nombreux meubles anciens ont été repeints dans la même couleur, et que les craquelures n'apparaissent que superficiellement à certains endroits. Par conséquent, ne mettez pas de glacis partout.

Il est possible de contrôler la taille des craquelures. Ainsi une fine pellicule de glacis donne des craquelures plus fines que celles qu'on obtient avec une couche épaisse, tandis qu'une couche de peinture épaisse sur le glacis donne des craquelures plus rares et plus profondes.

Il faut rechercher des supports suffisamment absorbants pour que le glacis accroche, mais qui ne le soient pas trop non plus sinon le glacis n'aura plus de matière pour réagir.

Matériel

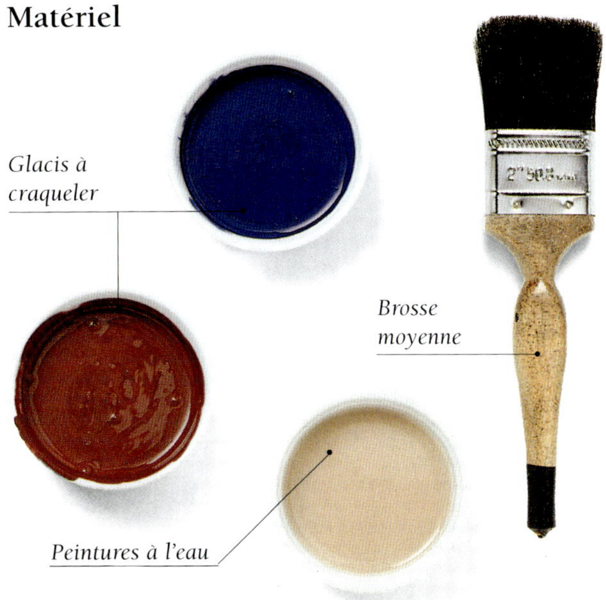

Gris-bleu *Rose pêche* *Ocre jaune*

Appliquer du glacis à craqueler

Ici, le glacis est appliqué sur une sous-couche de peinture à l'eau, et non directement sur le bois. La surface ne doit pas être trop absorbante. Dans le doute, appliquez deux ou trois couches de peinture à l'eau pour obtenir un support parfait.

Matériel

Peintures à l'eau • Glacis à craqueler • Brosse moyenne

1 *Appliquez à la brosse une couche de peinture à l'eau (ici de l'ocre rouge) sur le support. Si nécessaire mettez-en plusieurs.*

2 *Avec une brosse moyenne, passez une couche uniforme de glacis sur les endroits où vous désirez obtenir un effet de craquelé. Laissez sécher.*

3 *Appliquez une couche de peinture à l'eau (ici du gris-bleu) sur le glacis à craqueler. La peinture doit être assez diluée pour glisser sur le support. N'appuyez pas trop et ne surchargez pas en texture. La direction des coups de pinceau sera celle des craquelures. Ici, les touches sont courtes et croisées dans toutes les directions pour créer un effet varié.*

Vieillir et protéger un glacis à craqueler
Il est recommandé de protéger le glacis avec de la cire ou avec un vernis à l'huile une fois que la dernière couche est sèche. Ici, on a utilisé une cire foncée sur le panneau du haut, une cire claire (poncée à la laine d'acier pour dévoiler la sous-couche de peinture bleue) sur le panneau du centre, et du vernis au polyuréthane sur le panneau du bas.

Clair sur foncé
Sur cette poterie, l'effet de craquelé a été obtenu en posant une couche de glacis entre une couche de rouge foncé et une couche d'ocre jaune. Le tout a été protégé par une cire claire.

Décorer sur du glacis à craqueler
Sur cette table, le glacis à craqueler a été appliqué entre une couche de brun foncé et une couche de beige. On a ajouté des dessins et des motifs au pochoir qui dissimulent partiellement les craquelures.

Les effets de matière

On obtient des effets de matière en appliquant une couche de peinture sur une sous-couche d'une couleur différente. On travaille « dans le frais », en réalisant des motifs à l'aide de divers accessoires (brosse, chiffon, éponge, peigne, papier journal, sac en plastique...) pour dévoiler la couleur du fond et transformer la texture du support.

Les techniques les plus fréquentes – avec la brosse à veiner, l'éponge, le chiffon – privilégient le glacis « d'atmosphère », obtenu en ajoutant de la peinture ou du pigment à un glacis transparent à l'huile ou à l'eau. Les glacis à l'huile, utilisés dans la décoration de mobilier depuis le XVIIe siècle, se composent de résines et d'huiles végétales (comme le lin) mélangées avec de l'essence de térébenthine ou avec du white-spirit. Il est préférable de les appliquer sur une base brillante ou satinée, car les supports mats les absorbent. Les glacis à l'eau sont fabriqués à partir de résines acryliques. On les trouve dans tous les rayons de décoration. Ils sont très faciles à teinter avec de la peinture ou des pigments et s'appliquent sur des bases satinées ou brillantes.

Une autre technique consiste à remplacer le glacis par une fine couche de peinture ; ensuite, on travaille dans le frais pour dévoiler la sous-couche avec du papier journal ou tout autre accessoire pour obtenir l'effet recherché.

Le résultat dépend non seulement de la technique et de l'habileté de celui qui la met en œuvre, mais aussi du choix des combinaisons de couleurs.

Pour un contraste plus riche, ajoutez des couches de couleurs différentes, et combinez les techniques. Vous pouvez recouvrir le tout d'une série de motifs au pochoir, de découpages ou de dessins à main levée. Recouvrez chaque passage d'une couche de vernis et terminez par une couche de vernis ou de cire.

Travail au chiffon sur glacis bleu clair
Sur cette table en chêne préalablement décapée, on a passé un chiffon froissé sur le glacis frais en procédant par étapes afin de ne pas le laisser sécher. La protection est assurée par une couche de cire.

Deux couleurs à l'éponge
Sur le plateau ci-contre, on a appliqué à l'éponge une première couche de glacis ocre rouge clair puis une seconde plus soutenue, que l'on a travaillée de façon à faire ressortir la base.

Matériel pour glacis

Matériel pour frottage

Glacis veiné
On a obtenu un effet de décapage léger sur le panneau de gauche en appliquant un glacis teinté gris foncé sur une base blanc cassé, puis en lissant le support avec une brosse à veiner. Le panneau central a été partiellement essuyé au chiffon, et le tout protégé par un vernis à l'eau mat.

Peinture frottée
La boîte rouge et la porte de placard verte ont reçu, respectivement, une sous-couche vert olive moyen et noir, avant d'être frottées au papier journal.

Appliquer et travailler un glacis

Lorsqu'on applique un glacis et qu'on le travaille au chiffon, à l'éponge ou à la brosse à veiner, il faut toujours travailler par petites sections pour lui éviter de sécher. Veillez à préparer suffisamment de glacis teinté pour toute la surface car il est très difficile de créer deux fois la même teinte. En général, la sous-couche correspond à la moitié du volume nécessaire ; mais, par précaution, il vaut mieux en prévoir davantage.

Matériel

Glacis acrylique •
Peinture à l'eau mate •
Brosse à peindre •
Brosse à veiner •
Chiffons •
Éponge naturelle

Ajoutez un volume de peinture à l'eau mate à six volumes de glacis et mélangez (encadré). Étalez généreusement sur le support à la brosse, de façon à obtenir une texture irrégulière. On peut peindre dans tous les sens, sauf si l'on a l'intention de veiner le glacis.

Brosse à veiner : pour obtenir un motif régulier, « tirer » soigneusement le glacis avec la brosse de haut en bas. Essuyez avec un chiffon l'excédent de glacis qui apparaît sur la brosse et continuez le travail, toujours vers le bas. Il est possible de casser un peu les veines en donnant de légers coups de brosse dans un mouvement de va-et-vient avec l'extrémité des soies.

Chiffon roulé : tamponnez toute la surface en créant des motifs irréguliers avec les plis du chiffon. Lorsque le chiffon est saturé de vernis, il est nécessaire d'en changer.

Éponge : pour un bel effet à l'éponge, trempez une éponge dans l'eau, puis tamponnez la surface pour retirer le glacis par petites touches. Nettoyez l'éponge pour éviter qu'elle ne s'encrasse.

Frottage

Cette technique crée un effet irrégulier parce que le papier journal absorbe la peinture fraîche de façon inégale. Le résultat dépend de l'épaisseur et du degré de séchage de la peinture. Plus la peinture est sèche, moins le papier adhère et, au contraire, plus la peinture est fraîche, plus l'effet est spectaculaire.

Matériel

Peinture à l'eau • Eau • Brosse • Papier journal

1 *Diluez la peinture avec de l'eau jusqu'à obtenir la bonne fluidité (ici, un volume d'eau pour six de peinture) et mélangez (ci-dessous).*

2 *Pendant que la peinture est encore fraîche, couvrez-la de papier journal et frottez doucement le support pour que le papier absorbe la peinture.*

3 *Décollez rapidement le papier journal et répétez l'opération jusqu'à ce que toute la surface soit décorée en changeant de papier à chaque application.*

Lisser à la brosse et au peigne

Ici, le glacis bleu a été lissé à la brosse et au peigne ; on voit par transparence la sous-couche beige. Le plateau a été ciré.

Découpage sur un fond au chiffon

Pour créer le fond ci-dessus, on a passé un chiffon roulé sur un glacis teinté vert avec une sous-couche blanc cassé. Plusieurs couches de vernis acrylique en protègent la surface.

Frottage et pochoir en gris

Sur cette bibliothèque, on a réalisé un frottage gris clair sur du gris moyen et du gris foncé. Le motif au pochoir a été tamponné de gris clair.

Le découpage

Le découpage consiste à décorer une surface en y collant des images découpées et assemblées en montage. Le travail est ensuite recouvert de vernis ou de laque. La technique est très simple, mais le résultat dépend de la précision du geste de l'exécutant. Tout d'abord, découpez minutieusement les images, sans laisser de franges. Ensuite, collez-les en veillant à ne pas créer de bulles sous le papier ni d'aspérités. Enfin, c'est très important, étalez plusieurs couches fines de vernis, jusqu'à ce que le papier fasse partie intégrante de la surface. Lorsqu'on est devenu habile dans cette technique, on peut décorer absolument tout ce que l'on veut.

Enchevêtrement d'images
Pour recréer une atmosphère victorienne sur le paravent ci-dessus, on a collé des images d'époque et recouvert le tout de vernis satiné teinté en jaune.

Peinture à la main
Ce pélican a été collé directement sur le bois brut, puis la végétation a été peinte à la main. Pour finir, on a appliqué sur le support de nombreuses couches de vernis au polyuréthane.

Poudre de bronze
Le groupe de personnages orientaux ci-contre a été collé sur une base vert foncé qui avait été préalablement passée à la mixtion à dorer et à la poudre de bronze. La surface a été protégée avec un vernis au polyuréthane.

Polissage
On a recouvert ce découpage en noir et blanc de cinq couches de vernis acrylique, puis on l'a poli et teinté avec de la peinture brun foncé avant de poser une dernière couche de vernis.

Matériel

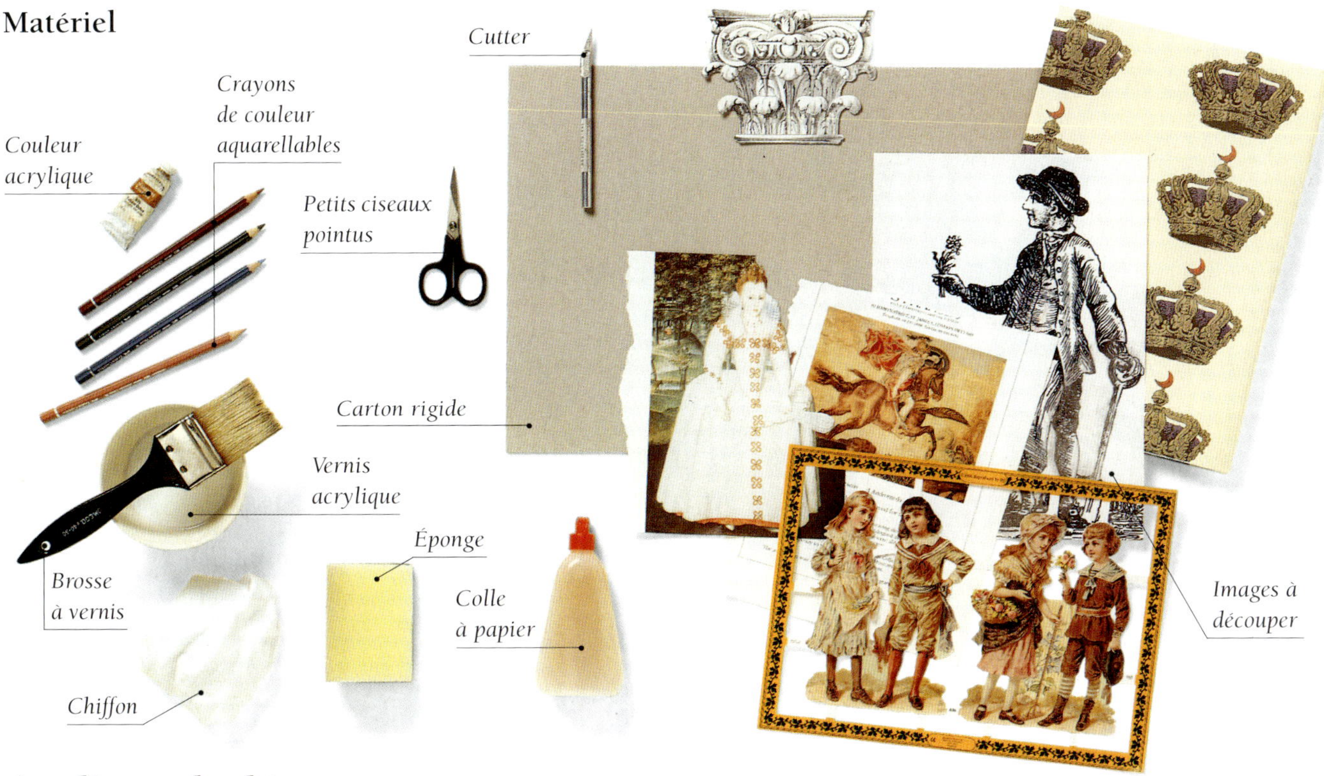

Appliquer le découpage

Avant de coller, vérifiez en les assemblant que toutes les images découpées sont en harmonie de taille, de sujet, de couleur, de style, notamment lorsqu'elles s'enchevêtrent.

Matériel

Images à découper • Petits ciseaux pointus • Papier-calque • Crayon noir • Ruban à masquer • Brosse et vernis acrylique • Colle à papier • Éponge et chiffon

1 Découpez soigneusement les images (encadré), et déplacez-les sur le support jusqu'à obtenir l'assemblage souhaité.

2 Pour marquer des repères, couvrez la composition d'un papier-calque et tracez dessus le contour des images.

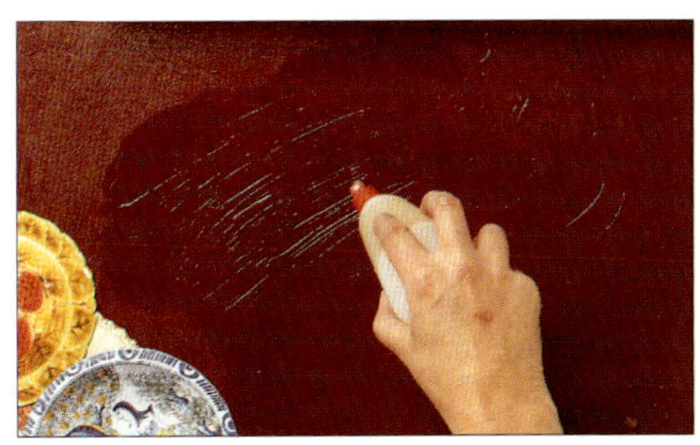

3 Ôtez le papier-calque et les images, et enduisez généreusement de colle la surface que doivent occuper les images.

4 Posez les images une par une sur le support en vérifiant leur position avec le papier-calque.

5 Collez toutes les images en tamponnant avec une éponge légèrement humide pour ôter l'excès de colle, puis passez un chiffon en surface.

6 Laissez sécher toute la nuit. Dépoussiérez et recouvrez de cinq ou six couches de vernis en laissant sécher entre chaque application.

L'application des techniques

Pochoirs et cire

Papier-calque et vernis

Cire sur peinture

Gesso et cire

Découpage et vernis à craqueler

Peinture fraîche grattée

Cire et glacis à craqueler

Teinture à bois et fluide à masquer

Pose d'un glacis nuancé

Peinture au tampon et vernis

Peinture à l'eau et à l'huile de lin

Brunissage de vernis et peinture

Frottage, pochoir et vernis

Pochoirs et cire

LE MARIAGE de la peinture et de la cire évoque la beauté feutrée des peintures patinées par les ans. Il est facile de recréer cet effet avec deux peintures de couleurs différentes, de la laine d'acier pour « user » la peinture, de la cire pour la foncer et lui donner la patine finale. On peut ajouter une troisième note de couleur au pochoir.

Le secret de cette technique réside dans le choix des couleurs. À la campagne, on avait coutume de recourir à des couleurs fortes, faciles à trouver et prêtes à l'emploi. Dans les régions froides du nord de l'Europe et en Amérique du Nord, on préférait les couleurs de terre, les bleus et les verts foncés. Dans les régions au climat plus doux, on utilisait volontiers le jaune tournesol, le vert émeraude et le bleu ciel.

Pour une touche plus étudiée, les bleus clairs, les vert d'eau, les jaunes et les crèmes sont tout indiqués. Les couleurs trop franches seront atténuées avec du blanc et du brun.

Placard de cuisine de style rustique

Le placard de la page de droite a été fait pour s'inscrire dans un endroit précis, ce qui explique la position asymétrique de la porte. Pour tirer parti de ce décalage, on a joué sur les différences de taille des pochoirs et le contraste des couleurs : gris-vert sur fond ocre rouge et vert foncé. Le dessin est inspiré du grillage des confessionnaux en bois que l'on trouve dans les églises du Moyen Âge.

Matériel

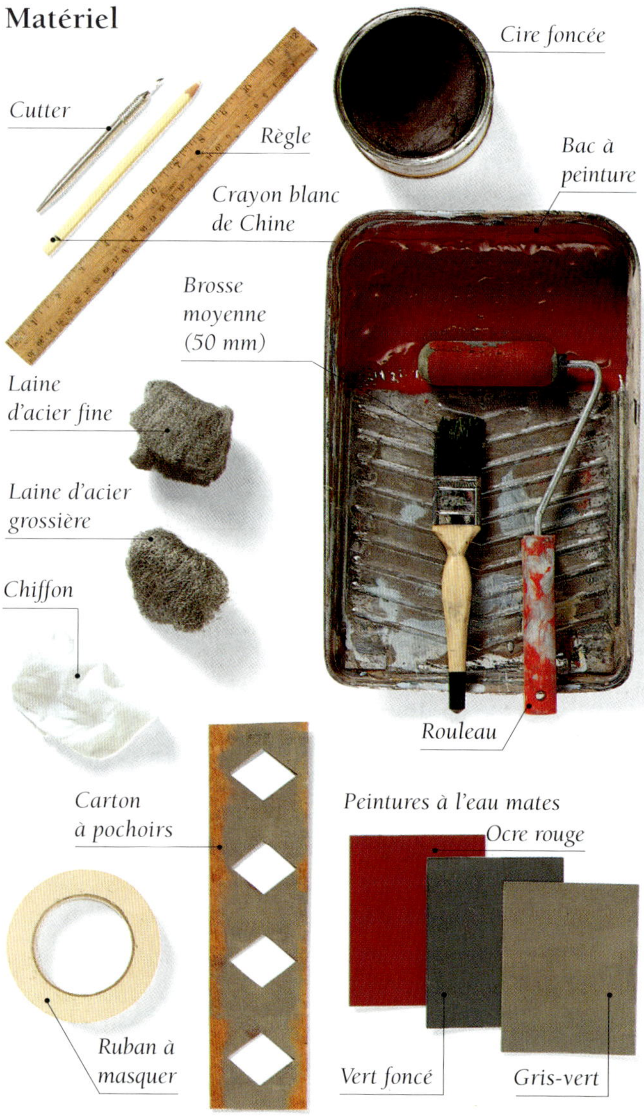

Le placard brut

La structure très simple se prête à une décoration sans prétention. Il suffit de poncer le meuble entièrement à la laine d'acier grossière (voir pages 10-15).

Appliquer les sous-couches

Deux couches sont nécessaires : la première – ocre rouge – tient lieu de peinture d'origine. La seconde – vert foncé – représente, en principe, celle qui a été peinte par-dessus plus tard. À certains endroits, la première couche doit apparaître sous la seconde, comme si le temps avait fait son œuvre.

1 Avec une brosse moyenne, appliquez une couche d'ocre rouge sur toute la surface et laissez sécher.

2 Avec la même brosse (ou une autre similaire), étalez une couche vert foncé sur la première de façon disparate, en travaillant toujours de haut en bas. Laissez sécher avant d'appliquer le décor au pochoir.

Appliquer le décor au pochoir

Afin d'enrichir la décoration, on peut ajouter un décor au pochoir dans une couleur différente – gris-vert. Les formes géométriques simples (carrés, losanges, cercles…) présentent un double intérêt : leur réalisation ne soulève pas de difficultés et le résultat est toujours élégant.

1 Sur un support, découpez au cutter un morceau de carton rigide de la taille exacte de l'endroit à décorer. Ensuite, dessinez à la règle et au crayon blanc le motif choisi.

2 Toujours sur le support, évidez au cutter les parties à peindre.

4 Soulignez l'encadrement gris-vert du pochoir en appuyant avec l'extrémité du rouleau.

3 Fixez le pochoir avec du ruban à masquer et appliquez la peinture gris-vert au rouleau en exerçant une pression plus ou moins forte pour obtenir un effet irrégulier.

5 Pour le haut et le bas du panneau inférieur, retaillez un pochoir et répétez l'étape 3.

6 On peut modifier la taille du motif pour certaines parties du meuble. Ici, on a découpé des losanges plus grands pour habiller les côtés du placard.

Vieillir à la cire

Avec une cire foncée, on peut enrichir à la fois la peinture et le bois aux endroits où il transparaît. Une fois lustrée, la cire donne au support un fini qui imite celui des vieilles patines. Pour un effet plus clair, plus lumineux, choisissez une cire transparente ou pâle, ou plusieurs cires de teintes différentes.

1 Quand la peinture est sèche, imprégnez généreusement la surface de cire foncée à l'aide d'un tampon de laine d'acier.

2 Avant que la cire ne soit sèche, frottez certains endroits avec la laine d'acier, en insistant sur ceux qui sont habituellement marqués par l'usure : la poignée, la serrure…

3 Renouvelez l'opération avec une seconde couche de cire, laissez sécher quelques minutes, puis polissez la surface avec un chiffon doux. La cire étant absorbée par la peinture, vous obtenez une patine feutrée du plus bel effet.

VARIATIONS

Une couche de bleu marine sur de l'ocre jaune, et des motifs au pochoir gris bleuté permettent un effet lumineux. L'ocre se fond dans la couleur du bois brut.

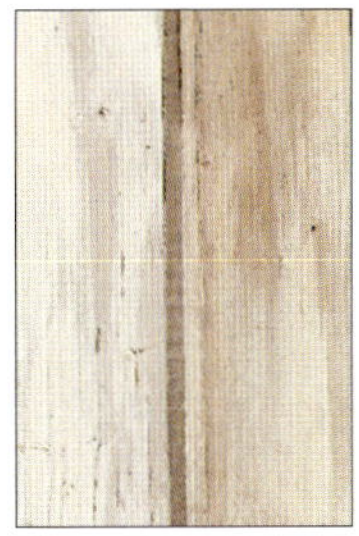

Blanc cassé sur gris

Gris clair sur rouge bordeaux

Blanc cassé sur ocre jaune

Blanc cassé sur bleu clair

Gris clair sur gris foncé

Vert forêt sur bleu outremer

Ces échantillons de bois présentent d'autres combinaisons. Sur chacun d'eux, le fond a été en partie recouvert par l'autre couleur. Puis la partie droite a été passée à la cire avant d'être légèrement poncée à la laine d'acier fine.

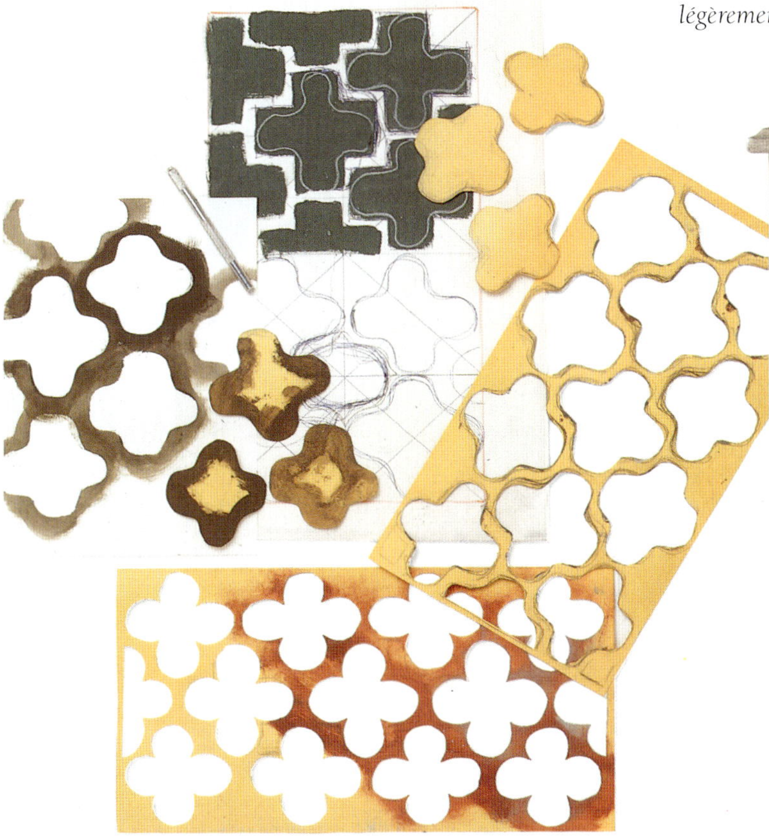

Ce petit placard a été peint en deux tons de gris : le plus foncé, poncé par endroits, a également servi pour les motifs au pochoir d'inspiration gothique. Puis on a passé une couche de cire transparente.

Papier-calque et vernis

Si vous hésitez à vous lancer dans la peinture à main levée, le papier-calque vous permet de reproduire sans risque des dessins sur presque tous les supports. Autrefois, les motifs les plus prisés étaient les chérubins, les fleurs, les scènes de chasse ou de marivaudage. Lorsque vous aurez choisi votre dessin (dans une revue, un ouvrage de décoration, un livre d'art…), faites-en une photocopie à l'échelle désirée. Reportez ce dessin avec du papier-calque, soulignez les contours au pinceau. Pour donner un aspect patiné au support, il faut le polir à la laine d'acier et le couvrir d'une couche de vernis. On peut utiliser cette technique notamment sur des portes de placards, des boîtes, des plateaux ou des dossiers de chaises.

Matériel

Le plateau avant la décoration
La bordure de ce plateau est idéale pour servir de cadre à des personnages. Si le support est peint, comme ici, il faut le poncer avant d'appliquer la première couche.

Appliquer les sous-couches

La première couche – bleue – représente la couleur d'origine du plateau. La seconde – gris clair – joue sur l'effet de contraste, elle doit laisser transparaître la première, comme si elle avait été usée par frottement.

1 Peignez toute la surface en bleu avec une petite brosse. Une seconde couche est souvent nécessaire. Laissez sécher.

2 Appliquez une couche de gris clair sur le bleu, toujours dans le même sens, en variant les épaisseurs de peinture.

Un plateau peint à la main

Les couleurs ont vraiment l'air d'avoir été ternies par le temps, et l'effet est très naturel. Avec des couleurs plus brillantes, il faudrait travailler les dessins à la cire foncée ou au pigment pour donner un aspect ancien.

Cire sur peinture

Les cires teintantes, mélangées entre elles et appliquées sur une couche de peinture, puis poncées et lustrées à la cire claire, reproduisent les nuances subtiles des vieux meubles peints. L'effet est particulièrement réussi avec de la peinture blanc cassé et de la cire brun foncé : il donne des résultats flatteurs dans les tons d'ivoire, de crème et de fauve. On peut jouer avec les pigments de couleur pour teinter de bleu, de rouge ou de vert des cires transparentes. Le contraste entre la peinture et la cire doit être franc.

On peut apporter une touche plus sophistiquée en appliquant une série de motifs peints dans des teintes plus claires, telles que le bleu pâle, le vert eau et le jaune, et en couvrant les encadrements de peinture ocre rouge et de cire métallisée, comme sur les meubles vénitiens du XVIIIe siècle.

Matériel

Commode de style vénitien
La cire métallisée ocre rouge forme un contraste élégant avec la peinture blanc cassé de cette ravissante commode (page de droite).

La commode avant décoration

Ce meuble des années 1930 est idéal pour un traitement simple et raffiné. Le support doit être débarrassé de toute trace de vernis. Aussi faut-il commencer par le poncer avec du papier de verre à grain épais, puis reboucher tous les trous et réparer les éclats avec de la pâte à bois et de l'enduit de rebouchage. On poncera une dernière fois avant d'appliquer la peinture.

Appliquer la cire métallisée

Les cires métallisées reproduisent les effets de dorures qui étaient obtenus autrefois en appliquant des feuilles d'or sur une détrempe au rouge de Venise.

1 *Avec le bout du doigt, étalez les deux tons de cire métallisée sur le fond ocre rouge. Laissez sécher toute une nuit.*

2 *Poncez légèrement avec un tampon de laine d'acier moyenne pour laisser transparaître le fond ocre sous la dorure.*

La surface terminée
On voit ci-dessus comment la cire ombre subtilement le blanc cassé et pénètre dans les creux laissés par les coups de brosse croisés. Sur les tiroirs, les filets bleu clair sont rehaussés par la cire et contrastent avec l'ocre rouge métallisé.

VARIATIONS

Ce petit motif de feuillage a été peint en vert moyen sur du blanc cassé. La surface a ensuite été lustrée avec une cire teintée à l'ocre jaune.

Cette fleur jaune est peinte sur un fond blanc cassé, passé à la cire brun moyen et poncé à la laine d'acier.

La chaise a été peinte avec un mélange de bleu clair et de blanc cassé recouvert de cire brun moyen. La surface a été poncée, et certains endroits ont reçu de la cire métallisée.

Des cires colorées

En mélangeant des pigments de couleur et de la cire claire, on obtient des nuances subtiles. Chaque tiroir de ce meuble a été couvert d'une peinture blanc cassé puis passé à la cire brune mélangée avec un pigment pour lui donner une teinte pastel.

Préparer et appliquer le gesso

En ajoutant du pigment dans le gesso, on obtient une couleur beaucoup plus intéressante qu'avec de la peinture. Pour de beaux reliefs, étalez une couche de gesso très épaisse (environ 2,5 cm).

1 Mélangez dans un petit bol une mesure de blanc d'Espagne et une mesure de colle acrylique en remuant au couteau pour obtenir une pâte de belle consistance.

2 Ajoutez une demi-mesure de pigment et mélangez jusqu'à ce que la consistance soit parfaitement homogène. Versez quelques gouttes d'eau si nécessaire.

3 Avec un couteau, étalez le mélange sur la surface. La couche doit être relativement épaisse (2,5 cm) et la surface lisse.

Graver le décor

Il faut graver le décor quand le gesso est encore frais, en veillant à sa consistance : il ne doit pas être liquide, sinon le dessin ne serait pas net.

Faites une esquisse au brouillon et reportez-la avec une petite brochette métallique. Gardez un chiffon sous la main pour nettoyer régulièrement l'instrument. Laissez sécher toute une nuit.

Vieillir avec du noir dilué et de la cire

Pour neutraliser la couleur trop franche du bleu et obtenir un ton défraîchi, la peinture noire diluée est idéale. Des cires métallisées de teintes variées rehausseront le décor gravé et évoqueront la dorure à l'ancienne.

1 *Avec une brosse de la même largeur que le cadre (si possible), appliquez une fine couche de peinture noire diluée (cinq mesures de peinture pour une mesure d'eau). Laissez sécher.*

2 *Appliquez d'abord les cires métallisées foncées, or brun et or rouge. Travaillez avec le doigt, en insistant sur les parties à mettre en valeur.*

3 *Répétez l'opération avec la cire or jaune. Laissez sécher toute la nuit, puis lustrez avec un chiffon doux pour obtenir une patine brillante.*

Variations

Ce visage a été gravé dans une couche de gesso très épaisse, sur un couvercle de boîte.

Pour décorer ce cadre, on a ajouté un décor avec une poche à douille. Puis les motifs ont été retravaillés au couteau et à la brochette. Pour finir, le cadre a été peint, légèrement poncé et lustré à la cire.

Découpage et vernis à craqueler

Le découpage consiste à créer un décor à base d'images, qui est ensuite recouvert de vernis ou de laque. Cette méthode évoque l'aspect des vieux meubles peints à la main. Pour parfaire le travail, on peut ajouter du vernis à vieillir et du vernis à craqueler, puis incruster de la peinture à l'huile pour artistes dans les craquelures.

On a commencé à utiliser le découpage pour décorer les meubles il y a 250 ans. Les images, alors imprimées en noir et blanc, étaient coloriées à la main avant d'être collées. Aujourd'hui, les revues, les livres d'art et de décoration contiennent des illustrations en couleurs. Le choix est illimité, des reproductions d'œuvres classiques jusqu'aux dessins contemporains.

Découpage sur tête de lit

Les montants et l'encadrement de la tête de lit (page de droite) ont été peints dans une couleur plus foncée que celle du panneau central, pour attirer l'attention sur le découpage qui représente une scène de chasse. Ne forcez pas sur le vernis à craqueler ; le résultat doit être léger et mettre le décor en valeur.

Matériel

La tête de lit à l'état brut

La tête de lit à panneau central encadré est un support idéal pour ce type de décor. Si, comme dans le cas présent, le meuble est verni, il faut le poncer entièrement à la laine d'acier avant de le peindre.

Peindre le fond

Il faut que les images, aux couleurs assez vives, ressortent sur un fond discret. On choisira donc des couleurs passées (ocre jaune, blanc cassé, gris, bleu et vert olive) qui seront légèrement fondues lors de l'application.

1 Mélangez les couleurs de façon à créer un fond de paysage brumeux. Ici, on a utilisé du bleu pour le haut, du vert olive pour les côtés et le bas, et de l'ocre jaune pour le centre.

2 Quand toute la surface est couverte, rectifiez les endroits qui semblent trop voyants, en veillant à l'harmonie de l'ensemble. Laissez sécher.

Appliquer le découpage

Rassemblez toutes les images qui doivent entrer dans la composition. Il est bon de procéder à quelques essais avec la colle, car certains papiers sont peut-être trop minces et risquent de se déchirer ou de s'abîmer au moment de la pose. Une fois sec, le décor sera recouvert de plusieurs couches de vernis qui le feront ressembler à une peinture.

1 Découpez les images avec des ciseaux très pointus. Il vaut mieux tourner le papier que les ciseaux pour avoir des bordures impeccables.

2 Mettez les éléments en place à sec, et déplacez-les jusqu'à obtenir la composition souhaitée.

3 Appliquez généreusement la colle aux endroits prévus. Étalez avec le doigt, puis collez soigneusement l'image découpée.

4 Avec une éponge mouillée, tamponnez la surface pour vérifier que l'image est parfaitement collée, surtout sur les bords, et ôtez toute trace de colle. Enlevez l'excédent d'humidité à l'aide d'un chiffon sec et propre.

5 Peaufinez les détails en ajoutant à main levée des petites touches d'herbe et des ombres avec les peintures qui ont servi pour le fond. Laissez sécher.

6 Après avoir essuyé la surface pour la dépoussiérer, étalez cinq ou six couches de vernis à l'eau satiné en laissant sécher entre chaque application. Il faut vernir jusqu'à ce que les images soient fondues dans la texture, ce qui dépend de l'épaisseur des découpages.

Vieillir avec du vernis à craqueler

Le vernis à craqueler imite l'aspect du vieux vernis ; il jaunit et assombrit la surface. Trois couches sont nécessaires : une de vernis à vieillir à l'huile, une de vernis à craqueler à l'eau et une dernière de vernis à vieillir, pour protéger la surface. Si l'on souhaite que les craquelures soient très visibles, il faut passer la couche de vernis à craqueler quand le support colle encore au doigt. Pour de très fines craquelures, il vaut mieux attendre que le support soit sec au toucher.

1 Appliquez une mince pellicule de vernis à vieillir sur la surface avec un pinceau d'artiste. Vérifiez que la couche est uniforme afin que le temps de séchage soit le même pour toute la surface. Laissez sécher le vernis et vérifiez au toucher le degré de séchage (voir les pages 40-43).

2 Lorsque le vernis est « à point » (ici, il doit être presque complètement sec), étendez une couche de vernis à craqueler avec un pinceau d'artiste sur les parties du décor à craqueler. Laissez sécher. Les craquelures apparaissent. On peut accélérer le processus par la chaleur.

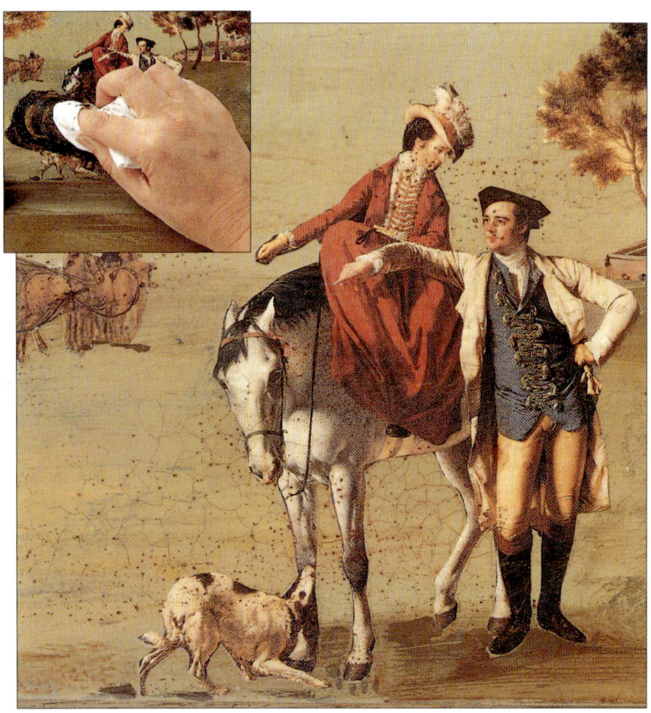

3 Lorsque la surface est bien sèche, utilisez un chiffon doux pour remplir les craquelures de peinture à l'huile (encadré). Ôtez l'excès de peinture en essuyant soigneusement : seules les craquelures doivent retenir la peinture.

4 Lorsque la surface est sèche, il faut la protéger avec une couche de vernis à vieillir à l'huile, car le vernis à l'eau utilisé pour les craquelures est très fragile.

VARIATIONS

On peut évoquer différents styles, différentes époques en choisissant des images adaptées. Ici, une composition relativement moderne, réalisée avec des « extraits » d'œuvres de Raoul Dufy et de Pierre Bonnard.

Colorier un découpage
On peut acheter des livres d'images à colorier avec des crayons de couleur aquarellables. Une fois posées, ces couleurs s'étalent avec un pinceau mouillé. On peut les recouvrir quand elles sont sèches pour augmenter l'intensité de la nuance.

Ce plateau long a été décoré avec des images de peintures médiévales découpées dans une revue d'art. Après application d'une première couche ocre rouge, le support a été doré à la poudre de bronze puis verni avec de la mixtion à dorer et poncé à la laine d'acier.

Peinture fraîche grattée

En grattant de la peinture fraîche, on obtient, en très peu de temps et sans difficulté, des effets raffinés de dorure à la poudre de bronze sur incrustations de bois. Au lieu de dessiner des motifs dorés, on recouvre entièrement la surface avec des poudres de bronze, on applique une couche de peinture par-dessus et, en grattant la peinture, on fait apparaître la dorure de manière très subtile. En cas d'erreur, il suffit de redonner une couche de peinture et de recommencer.

L'outil de grattage dépend de l'effet recherché. Généralement, on utilise le manche d'un pinceau afin de ne pas griffer la dorure.

Une chaise grattée

Sur les pieds et le dossier de cette chaise, les détails décoratifs ont été accentués par un grattage poussé qui laisse apparaître le doré (ci-dessous). La combinaison de l'ocre rouge de la sous-couche et du doré forme un contraste heureux avec le blanc cassé et le gris-vert des finitions.

Matériel

La chaise à l'état brut
Cette chaise victorienne très ouvragée constitue un bon support de décoration ; on peut facilement lui donner une touche « italienne » en travaillant les moulures. Il faut ôter toute trace de vernis avec du papier de verre avant d'appliquer la sous-couche.

Appliquer la sous-couche

La sous-couche donne une couleur de base sur laquelle poser la mixtion à dorer. Utilisez de préférence de la peinture à l'huile : la mixtion à dorer séchera plus lentement sur ce support et vous laissera le temps d'appliquer uniformément la poudre de bronze.

Avec une petite brosse, appliquez une peinture à l'huile ocre rouge sur toute la surface. Laissez sécher complètement avant de passer la mixtion à dorer.

Appliquer la poudre de bronze

La poudre de bronze adhère sur la sous-couche grâce à une colle spéciale que l'on appelle mixtion à dorer. On trouve ce produit chez tous les spécialistes de la décoration, et le temps de séchage est indiqué sur l'emballage : de 30 minutes à 24 heures. Le choix doit être guidé par l'étendue de la surface à couvrir.

1 Couvrez toute la surface avec de la mixtion à dorer à l'aide d'une brosse. Étalez le produit de façon uniforme, sans surcharger la brosse pour éviter les coulures.

2 Lorsque la mixtion est aussi collante au toucher que du ruban adhésif, posez la chaise sur le sol à l'horizontale et tamponnez la poudre de bronze sur la surface.

3 Étalez une couche de poudre de bronze uniforme sur toute la surface. Laissez sécher.

Appliquer et gratter la peinture

Sélectionnez les parties du support qui doivent être peintes en suivant un plan précis. Procédez par petites sections : le temps de séchage est de 20 minutes, et il faut gratter « dans le frais ». Si vous manquez de confiance en vos talents de peintre, reproduisez des motifs simples rappelant la forme dominante de l'objet ou du meuble à décorer.

1 Appliquez une couche de peinture gris-vert sur une partie de la chaise avec une brosse moyenne.

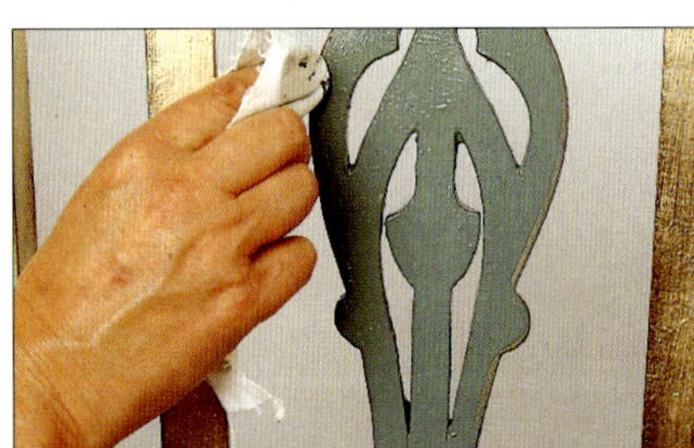

2 Pendant que la peinture est encore fraîche, essuyez certaines parties avec un chiffon pour dévoiler la dorure (ci-dessus). Vous pouvez aussi gratter, graver votre dessin à l'aide d'un manche de pinceau d'artiste (à droite).

3 Couvrez d'autres parties avec de la peinture blanc cassé sans toucher les motifs dorés qui présentent un intérêt, comme cette fleur.

4 Exécutez votre dessin dans la peinture encore fraîche à l'aide d'une queue de pinceau d'artiste. Ici, on développe le thème de la fleur.

5 Après avoir appliqué de la peinture blanc cassé par endroits, utilisez un Coton-tige pour dessiner des motifs. Le support une fois sec, protégez-le avec une couche de vernis à l'eau.

VARIATIONS

Pour mettre en valeur les motifs exécutés avec cette technique, on peut avoir recours à des contrastes de couleurs dynamiques – ici bleu franc sur ocre rouge et ocre jaune sur rouge foncé.

Sur cette petite table de chevet, le dessin est inspiré de miniatures persanes et de peintures médiévales. Le décor a été réalisé par petites sections afin que la peinture bleue ne sèche pas avant le grattage.

Cire et glacis à craqueler

Le glacis à craqueler est un produit intéressant car il a un effet spectaculaire. Le processus est simple : il suffit d'intercaler une couche de glacis à craqueler entre deux couches de peinture à l'eau et la seconde couche de peinture se craquelle en séchant. Cette technique restitue parfaitement l'aspect des peintures écaillées et travaillées par le temps, qui laissent apparaître des sous-couches de couleurs différentes. Vous pouvez décorer le support de motifs dans une teinte différente : ils se craquelleront aussi, mais dans une moindre mesure, et il faudra recourir à de la cire foncée pour mettre le craquelé en valeur.

Pour créer des styles différents, variez les combinaisons de couleurs et la taille des craquelures. Si vous désirez un fini classique, utilisez deux couleurs proches (gris clair et crème ou ivoire) assorties de craquelures fines. Avec deux couleurs franchement contrastées et de grandes craquelures, le décor sera plus audacieux.

Matériel

La coupe brute

Cette coupe en bois peut être remplacée par un modèle en céramique, en plastique ou en métal, ancien ou récent. Si, comme c'est le cas ici, l'objet est verni, appliquez du décapant à vernis avant de poser la première couche de peinture.

Une coupe à fruit craquelée

Elle ressemble à une poterie d'argile rouge décorée qui se serait écaillée au fil du temps. Les dessins qui ornent cette coupe trapue ont été relevés dans un ouvrage spécialisé.

Appliquer la peinture et le glacis à craqueler

Appliquez le glacis entre les deux couches de peinture. La seconde se craquellera en séchant. La taille et la forme des craquelures varient en fonction de l'épaisseur de la peinture et des mouvements que vous donnez à la brosse (voir pages 44-47).

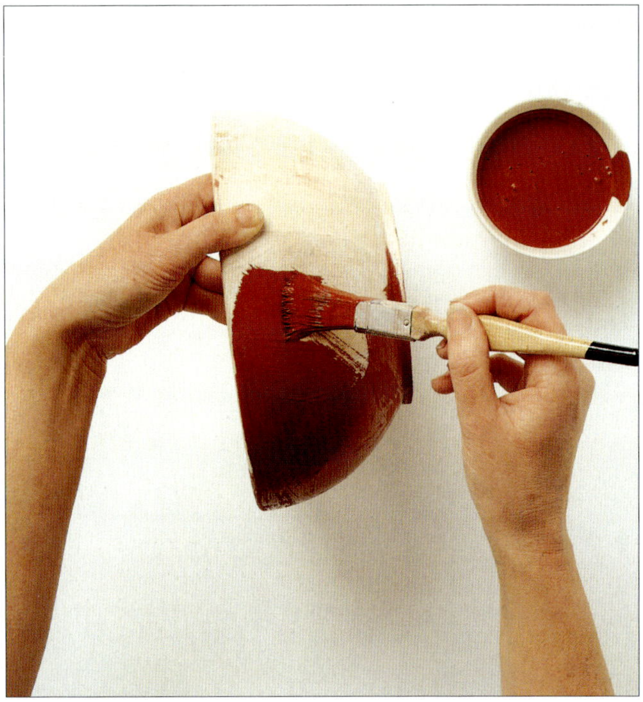

1 Appliquez une couche uniforme d'ocre rouge sur toute la surface avec une petite brosse. Laissez sécher.

2 Étalez à la brosse une couche de glacis sur la peinture ocre rouge. Laissez sécher le glacis.

3 Vérifiez que la peinture blanc cassé est assez fluide (diluez-la si nécessaire) et passez une couche de blanc cassé sur le glacis. Brossez dans tous les sens par petits mouvements rapides sans mettre trop de peinture, car elle risque de se figer et de se grumeler. Dès que la peinture sèche, elle craquelle (à droite).

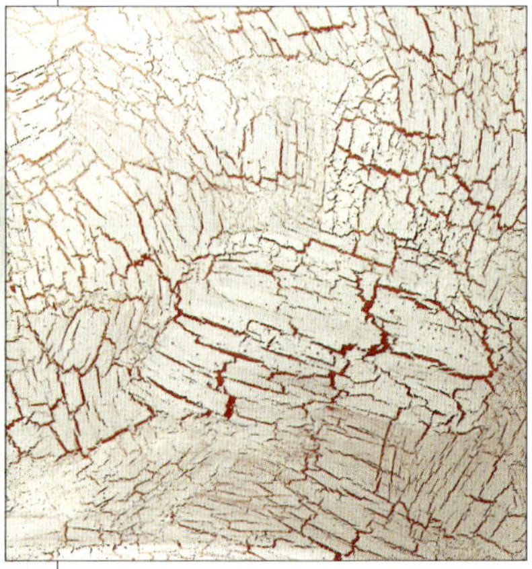

Dessiner et peindre le motif

Le motif, qui est peint à main levée, doit convenir à la taille et au style de l'objet. Utilisez de préférence des pinceaux d'artistes, et diluez la peinture à l'eau pour la poser plus facilement.

1 Enroulez un fil autour de l'objet à décorer pour calculer sa circonférence, et divisez par le nombre de motifs que vous souhaitez reproduire. Il est facile d'agrandir ou de réduire un dessin géométrique à la taille idéale pour « tomber juste ».

2 Après avoir copié le dessin sur du papier-calque et noirci les contours au crayon, posez le papier-calque sur le support et retracez le motif pour qu'il se décalque sur le saladier (voir « Papier-calque et vernis », pages 68-71).

3 Avec le même crayon à papier, redessinez les motifs sur la surface en ajustant le dessin aux formes courbes si besoin est.

4 Chargez un pinceau fin de peinture bleue, tournez-le sur le bord du godet pour en ôter l'excédent et commencez à peindre. Nettoyez les coulures avec un Coton-tige.

Appliquer les filets décoratifs

La coupe est ornée de filets décoratifs qui encadrent le motif et masquent les craquelures disgracieuses de la base.

1 *Collez du ruban à masquer autour de la coupe à environ 1,5 cm du bord et appliquez une couche d'ocre jaune. Répétez l'opération à la base. Retirez le ruban à masquer rapidement. Laissez sécher.*

2 *À l'aide d'un pinceau fin ou d'un trace-filet, peignez un filet régulier vert foncé pour délimiter le bord de façon nette. Répétez l'opération à la base (voir pages 52-53 pour le traçage des filets).*

Vieillir à la cire

La cire foncée met les craquelures en valeur et donne une patine à l'ancienne en fondant les couleurs entre elles.

1 *Faites pénétrer la cire foncée sur le support avec un tampon de laine d'acier fine, en insistant sur les craquelures.*

2 *Laissez-la s'imprégner pendant dix minutes environ, puis lustrez avec un chiffon doux.*

VARIATIONS

Ce pied de lampe en porcelaine a été recouvert de glacis à craqueler puis peint à l'ocre rouge. On a pris pour modèle une peinture hollandaise du XVIIe siècle (encadré) pour réaliser le dessin.

Pour obtenir un effet atténué, ce couvercle de boîte a reçu une couche de peinture blanc cassé, une couche de glacis, puis une deuxième couche de blanc. Après séchage complet, on a appliqué une troisième couche de blanc cassé et on a peint un motif copié sur l'assiette en deux tons de bleu. Enfin, on a passé de la cire foncée sur la surface et on l'a lustrée pour créer cette patine discrète.

Cette frise est inspirée de dessins que l'on trouvait au début du XXe siècle sur des meubles anglais. Le fond ocre jaune ainsi que les bordures ont été couverts de glacis. Puis on a ajouté le bleu et enfin les étoiles.

Teinture à bois et fluide à masquer

LE FLUIDE À MASQUER permet de réaliser facilement des décors et des motifs naïfs sur des objets et du mobilier, comme on le faisait autrefois dans les fermes de l'Europe du Nord. C'est un liquide caoutchouteux que l'on applique au pinceau. Il se solidifie et l'on recouvre alors toute la surface de peinture. Après séchage, on le retire comme une petite peau et le dessin apparaît. À l'origine, ces motifs étaient peints avec des couleurs franches, vibrantes, qui se sont affadies avec le temps. Pour retrouver ce fini, passez le support à la teinture foncée et lustrez au chiffon doux.

Boîte à usages multiples

Cette boîte «fourre-tout» (page de droite) est agrémentée d'un motif peint à main levée, mis en valeur par une bordure qui fait le tour des panneaux. Le choix des couleurs (bordeaux, ocre jaune et teinture foncée) est délibérément restreint.

Matériel

La boîte brute

Cette réplique d'une boîte à couteaux du XIXe siècle a été conçue pour être peinte et n'a pas besoin de préparation.
Si votre surface est vernie, peinte ou cirée, poncez-la entièrement avant d'appliquer la teinture à bois.

Peinture au tampon et vernis

Sans doute pensez-vous que la peinture au tampon de pomme de terre est une activité réservée aux enfants. Mais essayez, « pour voir ». C'est un procédé très efficace pour composer des paysages sur un fond peint. Vous pouvez trouver vos modèles dans des ouvrages de décoration ou créer vos propres tampons – avec des formes simples, car elles s'impriment mieux et il est difficile de sculpter des motifs compliqués.

Pour réussir une peinture au tampon, il faut trouver la bonne quantité de peinture : assez pour imprimer tout le dessin, mais pas trop pour préserver l'aspect irrégulier du tampon à la pomme de terre. Lorsque vous maîtriserez cette technique, vous vous lancerez dans l'imitation des laques chinoises ou de la peinture naïve américaine du XIXe siècle. Vous pouvez aussi faire des tampons avec des bouchons de liège ou des morceaux de carton rigide.

Matériel

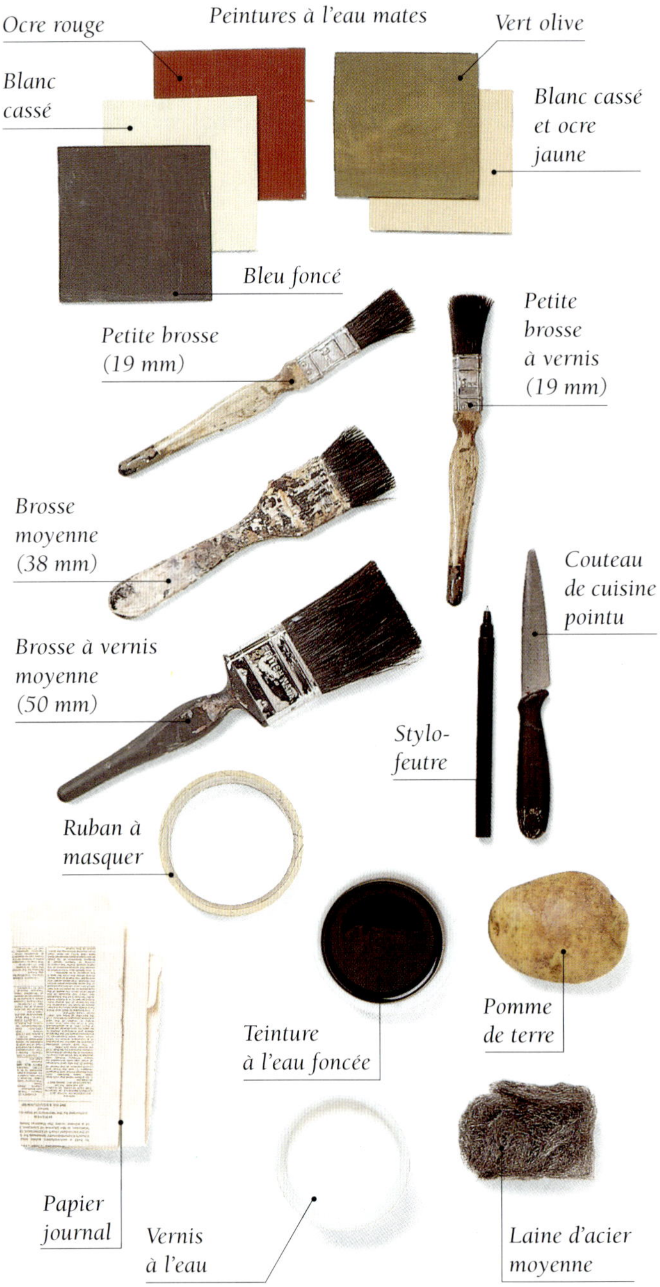

Le placard brut
Il s'agit d'une copie de meuble du XIXe siècle. Les panneaux sont faits pour recevoir un paysage au tampon. Avant d'appliquer la teinture à bois, poncez soigneusement le placard en insistant sur les bords, que vous adoucirez au papier de verre.

Appliquer la teinture

La teinture à bois fonce le bois et l'imprègne en profondeur, ce qui permet de le travailler ensuite sans crainte de révéler le bois blanc.

Appliquez plusieurs couches de teinture à bois sur les parties du meuble que vous avez l'intention de poncer par la suite – ici, les bordures, les angles et les portes.

Placard peint au tampon

La peinture au tampon est particulièrement adaptée
à la création de paysages naïfs. Sur le reste du placard,
le bleu foncé met le décor en valeur, comme dans un cadre.

Appliquer les sous-couches

Passez une couche d'ocre rouge sur tout le placard, puis peignez-le en bleu foncé à l'exception des deux panneaux réservés au paysage. Sur les panneaux, appliquez un fond de ciel nuageux en mélangeant du blanc cassé et de l'ocre jaune pour les collines.

1 Étalez une première couche d'ocre rouge à la brosse moyenne sur toute la surface. Si le bois est neuf, appliquez une seconde couche car le bois brut est très absorbant.

2 Masquez les bords des panneaux avec du ruban, et recouvrez le reste du placard de peinture bleu foncé. L'ocre rouge doit transparaître sous le bleu foncé à certains endroits. Retirez le ruban à masquer.

3 Avec une petite brosse, appliquez du blanc cassé et de l'ocre jaune sur les panneaux en alternant de façon à mélanger les couleurs directement sur le support pour obtenir un effet moucheté. Laissez sécher.

4 Diluez du vert olive à raison d'une mesure d'eau pour trois mesures de peinture. Avec une petite brosse, étalez-en une couche fine sur le tiers inférieur des panneaux, en donnant leur forme aux collines.

5 Posez un morceau de papier journal sur la peinture encore fraîche puis décollez-le (voir page 51). Le papier enlève une partie de la peinture et le résultat est joliment texturé. Recommencez l'opération sur le second panneau. Laissez sécher.

Tampons à la pomme de terre

La pomme de terre crue sert à la fois de support et de tampon. Sculptez-la de façon à faire apparaître le dessin en relief, appliquez la couleur de votre choix puis imprimez le motif sur votre fond.

1 Coupez une pomme de terre en deux et dessinez la forme désirée au stylo-feutre. Avec un couteau fin et pointu, incisez sur une profondeur de 2 cm en suivant le contour.

2 Découpez avec précaution tout autour du motif sur une épaisseur de 2 cm pour obtenir le relief.

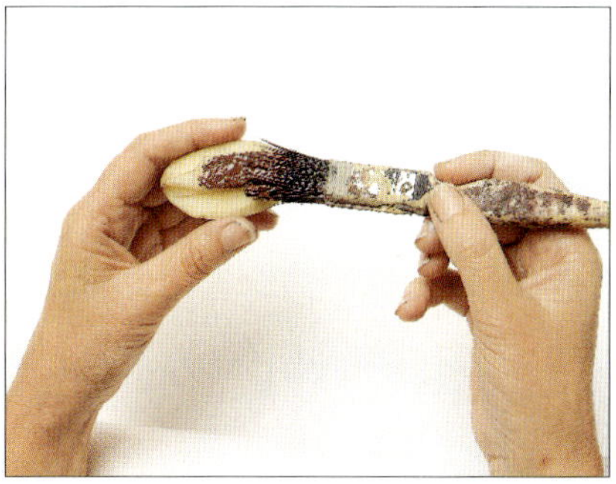

3 Essuyez et séchez le tampon, enduisez-le de peinture avec une petite brosse. Avant de reporter le motif sur le panneau, faites des essais sur du papier de brouillon pour déterminer la quantité de peinture à appliquer.

4 Pressez la pomme de terre quelques secondes à l'endroit choisi sur le fond, puis retirez doucement ce tampon. Évitez de bouger, sinon le dessin sera flou.

5 Composez le paysage, élément par élément. Si un élément doit en recouvrir un autre, attendez que le premier soit sec pour procéder à son application.

Vieillir avec de la laine d'acier et du vernis

Pour révéler un peu du fond ocre rouge, il faut poncer légèrement avec de la laine d'acier en insistant sur certains endroits jusqu'à atteindre le bois : les arêtes, les angles et les poignées sont les parties normalement les plus soumises à l'usure.

1 Poncez le placard – mais non les panneaux – avec de la laine d'acier moyenne. Veillez à ne pas frotter trop fort pour ne pas décaper le bois neuf.

2 Appliquez une fine couche de vernis à l'eau mat avec une petite brosse sur toute la surface, y compris sur les deux panneaux.

Vieillir avec de la laine d'acier et de la cire

Au lieu d'utiliser du vernis, vous pouvez vieillir le placard avec une cire foncée qui va teinter le bois. Vous la lustrerez soigneusement avec un chiffon doux pour obtenir une belle patine à l'ancienne, comme si le meuble avait été entretenu pendant des années.

Matériel

1 Après avoir poncé le placard comme indiqué ci-dessus, utilisez un tampon de laine d'acier neuf pour imprégner de cire foncée toute la surface. Laissez sécher.

2 Appliquez ensuite la cire claire avec un tampon de laine d'acier pour retirer l'excédent de cire foncée, laissez-la s'imprégner quelques minutes, puis lustrez la surface avec un chiffon doux.

Variations

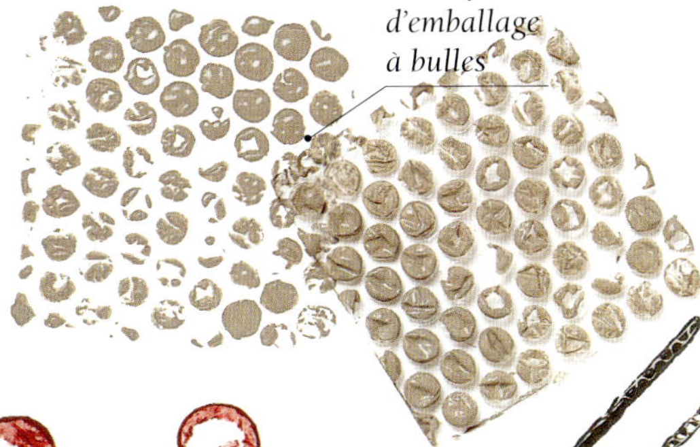

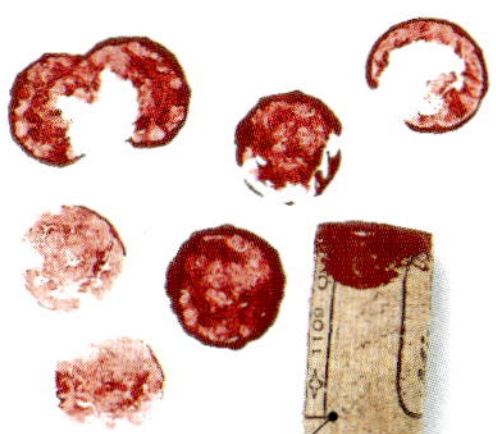

Vous pouvez imprimer des motifs avec toutes sortes de « tampons » : des clous à tête large, le bord d'un gobelet en carton, un morceau de moquette… ou tout objet que vous trouverez chez vous et que vous jugerez approprié.

Ce bougeoir a été peint en gris-bleu et, une fois sec, tamponné avec un morceau de plastique d'emballage à bulles trempé dans de la peinture ocre jaune. L'effet irrégulier est typique de ce genre de décor.

Le panneau de porte ci-dessus s'inspire d'un placard, imitant une laque chinoise, dessiné par Thomas Chippendale en 1770. On a posé une couche épaisse de peinture blanc cassé, sur laquelle on a imprimé des motifs bleus à la pomme de terre. Une fois sec, le support a été ciré et lustré.

Le dessin de ce panneau est la copie d'une peinture à l'encre et au pastel de 1830. Il a été réalisé sur un fond gris-vert, avec des tampons au carton, au bouchon et à la pomme de terre. Pour la rangée de maisons ci-contre, on a aussi utilisé des pommes de terre.

Peinture à l'eau et à l'huile de lin

Généralement, on évite d'associer un composé à base d'huile et un composé à base d'eau, car ils ne se mélangent pas. On peut cependant déroger à cette loi avec l'huile de lin, qui permet d'obtenir l'aspect fatigué, ombré, décoloré par endroits, des meubles qui ont subi les effets du soleil. Il suffit de recouvrir d'une couche de peinture à l'eau un support passé par endroits à l'huile de lin : l'huile repousse la couche de peinture et laisse apparaître des taches aléatoires sur la surface traitée.

Le dessin à la cire de bougie reprend le même principe, pour un effet un peu différent (voir page 115).

Le résultat va dépendre avant tout des couleurs que vous aurez choisies. Si vous souhaitez obtenir un effet délavé, légèrement crayeux, utilisez du blanc cassé, du gris clair ou du crème sur un fond plus soutenu et terminez par une couche de peinture blanc cassé diluée. Le fini doit être terne plutôt que brillant, et la surface devra être protégée avec un vernis mat.

Matériel

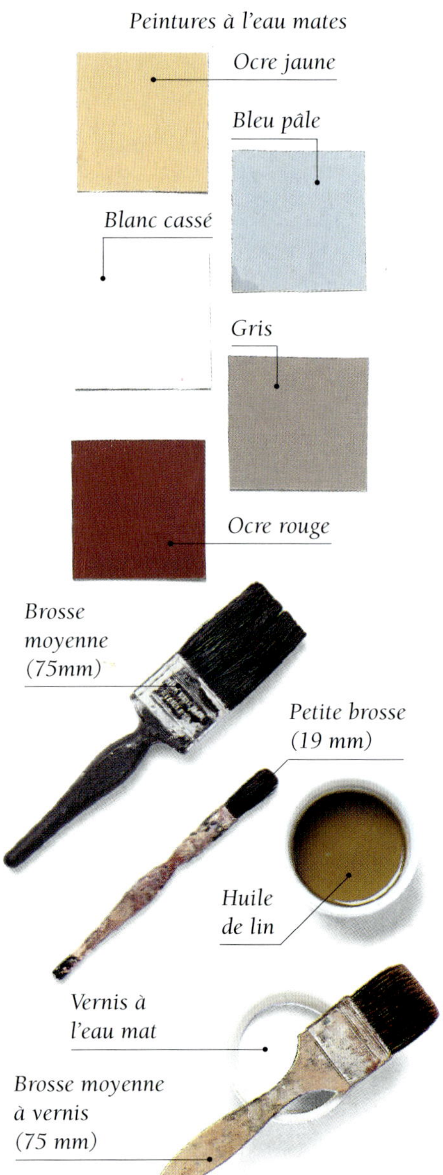

Le meuble brut

Ce secrétaire est de facture rustique. On peut lui donner plus de caractère en ôtant les vitres et en les remplaçant par du grillage. Avant de commencer le travail, éliminez toutes traces de peinture, de cire ou de vernis et nettoyez soigneusement la surface.

Un meuble patiné

Les effets de taches et d'ombres ont été obtenus en appliquant une couche de peinture ocre jaune, puis de l'huile de lin à certains endroits, et en ajoutant une couche de peinture à l'eau blanc cassé diluée. Traditionnellement, l'intérieur des meubles, comme celui de la page de droite, était peint d'une couleur différente de celle de l'extérieur. Ici, on a utilisé du bleu clair pour les étagères et du gris pour l'intérieur du secrétaire.

FRANÇOIS VILLON

Appliquer les sous-couches

Afin que la surface soit moins absorbante et que l'huile ne s'imprègne que partiellement, il faut appliquer une sous-couche épaisse. Le vieux bois, une fois débarrassé de toute trace de vernis ou de cire, n'aura besoin que d'une couche de peinture. Il en faudra plusieurs pour du bois neuf. Passez à l'opération suivante lorsque le grain du bois ne sera plus apparent.

1 Avec une brosse moyenne, couvrez de peinture ocre jaune tout l'extérieur du meuble. Répétez l'opération si nécessaire et laissez sécher.

2 Appliquez une couche de bleu clair sur les étagères avec une petite brosse.

3 Toujours avec une petite brosse, posez une couche de gris à l'intérieur du secrétaire. Laissez sécher.

Appliquer l'huile de lin et la peinture à l'eau

Quand on étale l'huile de lin, elle est en partie absorbée par le bois mais laisse des traces en surface. Cette pellicule d'huile repousse la peinture à l'eau que l'on applique par-dessus, et des taches plus foncées apparaissent. Plus l'huile est fraîche quand on passe la peinture, plus l'effet sera prononcé.

1 Appliquez l'huile par endroits en suivant le sens du bois et en harmonisant les formes des taches. Ne surchargez pas la brosse pour éviter les coulures.

2 Pendant que l'huile est encore fraîche, appliquez une couche légère de peinture à l'eau blanc cassé avec une brosse moyenne.

3 Laissez l'huile et la peinture se fondre. Quand la surface sera sèche, vous verrez l'effet obtenu avant de passer le blanc cassé dilué.

Vieillir avec de la peinture

Pour atténuer les effets de taches, appliquez une dilution de peinture blanc cassé. Observez la densité et l'aspect des taches, et passez une seconde couche si nécessaire.

1 Mélangez de la peinture blanche et de l'eau (ici, une mesure d'eau pour deux de peinture) et appliquez une fine couche sur la surface avec une brosse moyenne. Travaillez toujours dans le sens du fil. Laissez sécher.

2 Pour vieillir le grillage, recouvrez-le de peinture ocre rouge avec une petite brosse.

VARIATIONS

Ces deux panneaux ont reçu une couche de cire liquide claire pour varier l'effet. Sur celui de gauche, la cire a été appliquée sur un fond jaune et gris puis recouverte de blanc cassé. Sur celui de droite, elle a été appliquée directement sur le bois, puis recouverte de vert foncé. Enfin, on a poncé pour créer les motifs.

Le plateau de cette table a été décoré à la cire de bougie selon la méthode ci-dessous. Le fond brun-rouge a été recouvert de bleu clair.

Dessin à la cire de bougie

La méthode consiste à appliquer un dessin à la cire de bougie sur une sous-couche de peinture à l'huile brillante. On passe ensuite une couche de peinture à l'eau mate et, pour finir, on ponce la cire à la laine d'acier afin de révéler le motif.

1 Dessinez votre motif à la cire de bougie sur la sous-couche de peinture brillante.

2 Étalez sur toute la surface une peinture à l'eau mate (ici du bleu clair) et laissez sécher.

3 Frottez la surface avec de la laine d'acier épaisse pour retirer la peinture qui recouvre le dessin.

Frottage, pochoir et vernis

Le frottage, qui consiste en des applications de papier journal sur de la peinture fraîche, donne un fini irrégulier très intéressant. En combinant cette technique avec celle du pochoir, on arrive à créer des textures de plus en plus riches, ornées d'éléments décoratifs caractéristiques des anciens meubles peints.

L'effet sera plus réussi si vous utilisez une couleur de base plus foncée, plus riche, pour le frottage et un mélange de couleurs claires et lumineuses pour les décors au pochoir. En ajoutant une pellicule de vernis à vieillir au polyuréthane, additionnée de pigments par endroits, on obtient une patine plus intense, plus flamboyante.

Matériel

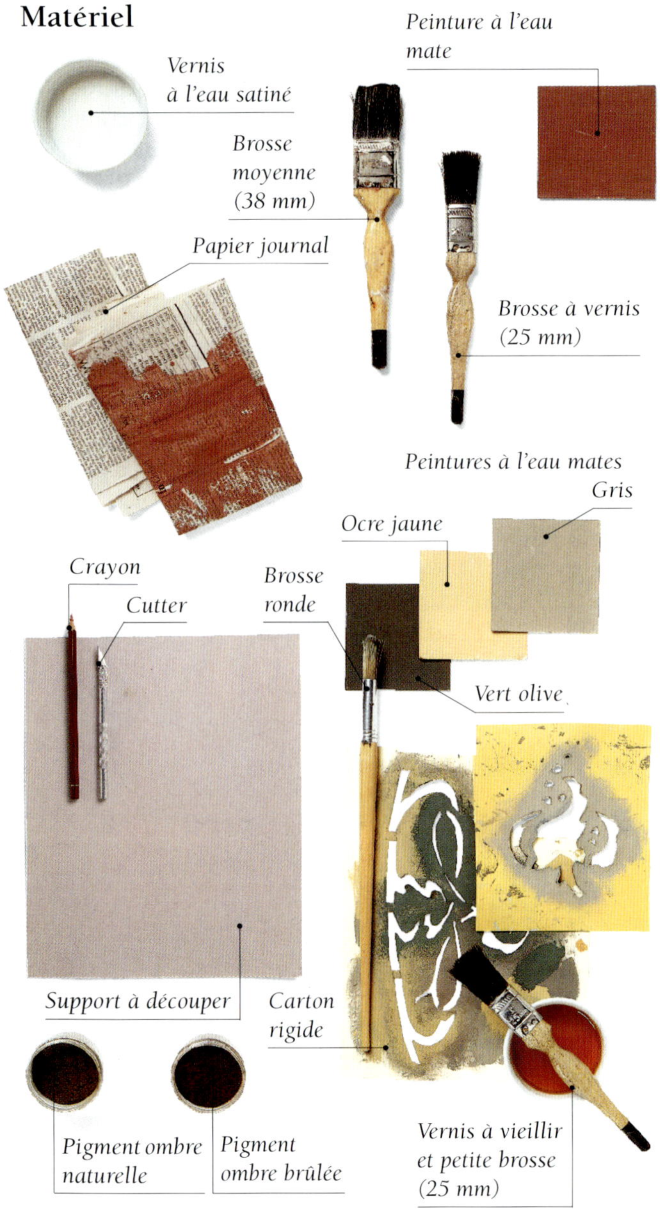

La table brute
Ce plateau de table ovale va mettre en valeur l'association des trois techniques. Si la surface est couverte de vernis à l'huile, il faut le poncer intégralement.

Préparer la surface

Le vernis à l'eau satiné représente une base idéale pour la peinture mate. La couleur ne sera pas absorbée par le bois et adhérera à la surface.

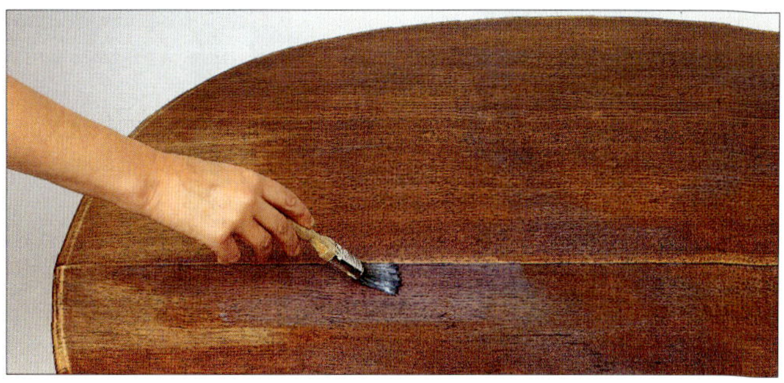

Avec une petite brosse, passez une couche de vernis sur toute la surface. Laissez sécher avant d'appliquer la peinture.

Table décorée au frottage et au pochoir

Le vernis à vieillir au polyuréthane atténue le contraste entre l'ocre rouge du fond et le vert olive, le gris et l'ocre jaune. Quelques « taches » d'ombre naturelle et d'ombre brûlée ajoutent à l'effet de patine.

Le frottage

Pour donner une texture irrégulière à une couche de peinture, appliquez du papier journal dessus quand elle est encore fraîche, puis décollez-le. Plus la surface est absorbante, plus la peinture adhère au support mais plus vous laissez le papier, plus il s'imprègne de peinture (voir page 51).

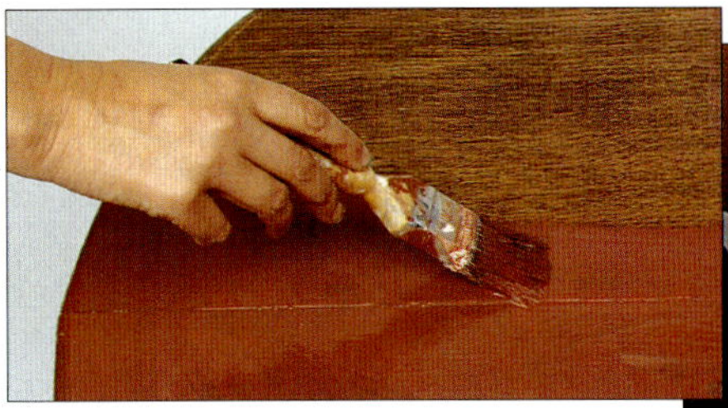

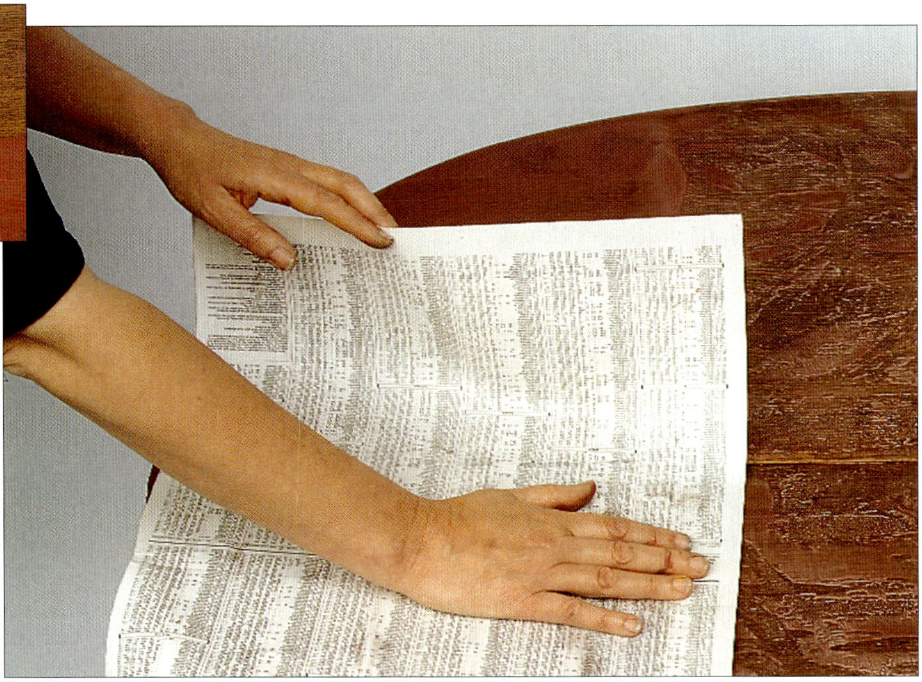

Diluez deux mesures de peinture (de l'ocre rouge) avec une mesure d'eau et appliquez généreusement la peinture, uniquement sur la surface que vous aller couvrir de papier. Posez une feuille de journal sur la peinture fraîche et pressez doucement avec la main. Attendez quelques secondes et retirez le papier. Recommencez jusqu'à ce que toute la surface soit couverte, en utilisant une nouvelle feuille de journal à chaque fois.

Le pochoir

Cette technique permet d'enrichir un décor au frottage. Choisissez des motifs qui conviennent à la forme de la table et peignez-les dans des teintes variées.

1 *Dessinez vos pochoirs si vous ne les achetez pas tout prêts. Ici, on a trouvé dans un livre un dessin tout en courbes, adapté à la forme de la table.*

2 *Découpez le motif au cutter. Pour obtenir des angles nets, tournez le carton plutôt que le cutter.*

3 Placez le pochoir dans la position désirée et peignez-le avec une brosse ronde. Répétez l'opération avec tous les motifs choisis. Ici, on a utilisé trois pochoirs. Un gris pour le tour de la table, un ocre jaune pour le cercle intérieur et un vert olive pour le dessin intermédiaire.

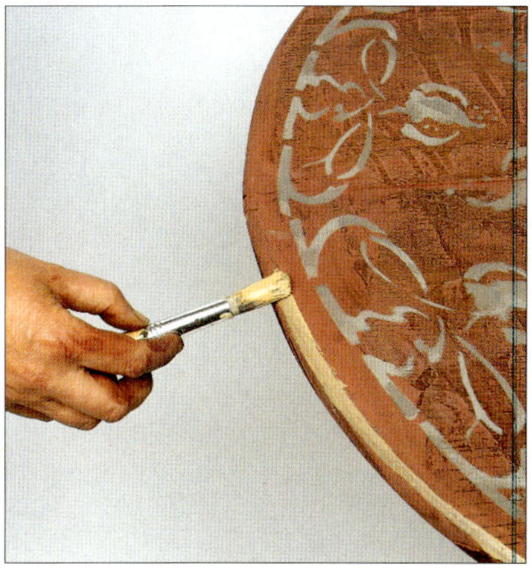

4 Ajoutez un filet décoratif de couleur ocre jaune sur tout le chant du plateau avec un pinceau bien chargé.

Vernir

Le vernis à vieillir au polyuréthane enrichit les couleurs tout en protégeant la surface et en lui donnant une belle patine. En ajoutant des pigments, on obtient un effet plus chaleureux.

1 Appliquez une couche de vernis sur la moitié de la table et saupoudrez de pigment (ici, de l'ombre naturelle et de l'ombre brûlée) les endroits où le vernis est encore frais.

2 Brossez le pigment avec une petite brosse pour disperser la poudre. Renouvelez l'opération sur l'autre moitié de la table.

VARIATIONS

Sur le panneau de gauche, le contraste est marqué entre l'ocre rouge et l'ocre jaune du fond et les nuances de bleu et de vert de la fleur de lis.

Sur un fond blanc cassé et gris clair réalisé au frottage, on a posé un pochoir gris-vert (ci-dessus).

Le couvercle de cette boîte a reçu un motif au pochoir blanc cassé sur une couche de gris-vert clair, puis un glacis coloré vert tendre (voir page 50).

Index

R

S

T

V

Remerciements

L'ÉCRITURE DE CET OUVRAGE est le résultat d'une collaboration chaleureuse avec une équipe motivée et remarquablement dynamique, notamment avec le photographe Geoff Dann et ses deux assistants, Gavin Durrant et Mark Alcock, qui ont créé une atmosphère détendue grâce à leur merveilleux sens de l'humour. Le directeur artistique, Steve Wooster, nous a soutenus sans défaillir, avec élégance, un sens esthétique et de grandes qualités humaines. Je remercie également mon assistante, Kate Pollard, pour son dévouement, sa vivacité et sa sensibilité créatrice. Mon éditeur, Colin Ziegler, s'est montré particulièrement patient et encourageant, en organisant avec une grande clarté le désordre et la confusion de mes textes pour leur donner cohérence et raffinement.

Je remercie également la boutique Relics, à Witney, dans l'Oxfordshire, et ses trois partenaires, Bret Wiles, Chris Walker et Ray Russell, qui ont apporté leurs connaissances d'experts.

Je remercie également le magazine *World of Interiors*, qui m'a donné la permission d'utiliser les photos des pages 22-23.

Enfin, je rends hommage à la patience et à l'attention aimante de mon mari David et de mes trois fils, Henry, Felix et Hugo, qui ont supporté patiemment mes sautes d'humeur tout au long de l'année que j'ai consacrée à la réalisation de cet ouvrage.